N PAULIENNE
EN DROIT ROMAIN

DE LA

TRANSCRIPTION DES ACTES A TITRE ONÉREUX

TRANSLATIFS DE PROPRIÉTÉ IMMOBILIÈRE

ET DE DROITS RÉELS SUSCEPTIBLES D'HYPOTHÈQUE

Art. 1, 3 et 4 de la loi du 23 mars 1855)

THÈSE

Présentée à la Faculté de Droit de Poitiers

POUR OBTENIR LE GRADE DE DOCTEUR

ET

Soutenue le lundi 10 août 1863, à deux heures du soir

Dans la salle des Actes publics de la Faculté

PAR

Alexis SAULNIER

AVOCAT A LA COUR IMPÉRIALE DE LIMOGES

LIMOGES

H. DUCOURTIEUX, IMPRIMEUR DE LA COUR IMPÉRIALE

F

DE L'ACTION PAULIENN

EN DROIT ROMAIN

DE LA

TRANSCRIPTION DES ACTES A TITRE ONÉREUX

TRANSLATIFS DE PROPRIÉTÉ IMMOBILIÈRE

ET DE DROITS RÉELS SUSCEPTIBLES D'HYPOTHÈQUE

(Art. 1, 3 et 4 de la loi du 23 mars 1855.)

THÈSE

Présentée à la Faculté de Droit de Poitiers

POUR OBTENIR LE GRADE DE DOCTEUR

ET

Soutenue le lundi 10 août 1863, à deux heures du soir

Dans la salle des Actes publics de la Faculté

PAR

Alexis SAULNIER

AVOCAT A LA COUR IMPÉRIALE DE LIMOGES

LIMOGES

H. DUCOURTIEUX, IMPRIMEUR DE LA COUR IMPÉRIALE

1863

COMMISSION :

Président : M. ABEL PERVINQUIÈRE ✳.

Suffragants :
M. GRELLAUD, doyen ✳,
M. RAGON,
M. LEPETIT,
M. DE LA MENARDIÈRE, Professeur suppléant.
} Professeurs.

Vu par le Président de l'Acte public :

Abel PERVINQUIÈRE ✳.

Vu par le Doyen :

H. GRELLAUD ✳.

Vu par le Recteur :

DESROZIERS (O ✳.

Les visas exigés par les règlements sont une garantie des principes et des opinions relatives à la religion, à l'ordre public et aux bonnes mœurs (Statut du 9 avril 1825, art. 11), mais non des opinions purement juridiques, dont la responsabilité est laissée au Candidat.

Le Candidat répondra en outre aux questions qui lui seront faites sur les autres matières de l'enseignement.

(C.)

A LA MÉMOIRE DE MON PÈRE

ET DE MA SŒUR

A MA MÈRE

DISSERTATION

SUR

L'ACTION PAULIENNE

DIGESTE, titre *Quæ in fraudem cred.*

CODE *De revocandis his quæ in fraudem*

INSTITUTES, l. 4, titre 6, § 6.

INTRODUCTION.

Lorsqu'un débiteur n'a que des créanciers chirographaires, son patrimoine tout entier est affecté au payement de ses dettes ; mais ce droit de gage général, qui frappe toute sa fortune, ne lui enlève pas la liberté de disposer de ses biens ; il reste maître absolu de les vendre ou de les donner. Ses créanciers, s'ils ne sont pas payés à l'échéance, pourront sans doute poursuivre la vente de ses biens et peut-être le dépouiller de tout ce qu'il possède. Cependant, tant que les dettes ne sont pas devenues exigibles et surtout que les poursuites n'ont pas abouti, le débiteur conserve intact son droit de libre disposition. S'il aliène de bonne foi, les créanciers chirographaires ne peuvent pas se plaindre ; ils ont à se reprocher de ne pas avoir exigé d'hypothèque.

Mais on le comprend, quelque absolu que soit le droit du débiteur, il ne saurait l'autoriser à faire disparaître, dans un but frauduleux, les garanties sur lesquelles avaient pu compter ses créanciers. Il ne faut pas qu'il puisse, par ses manœuvres coupables, se dégager des obligations qu'il a contractées. Il semble donc que le législateur devait, chez toutes les nations et à toutes les époques, protéger ceux qui étaient victimes d'actes de mauvaise foi, en leur permettant de faire révoquer les aliénations faites en fraude de leurs droits.

Néanmoins, jusqu'à la loi Ælia-Sentia, qui fut portée en l'an de Rome 757, sous les consulats de S. Ælius Cato et C. Sensius Saturnius, l'ancien droit civil des Romains ne fournissait aucun secours aux créanciers. A cette époque, les guerres de Marius et de Sylla, de Pompée et de César, armant des milliers d'esclaves, avaient jeté dans la ville éternelle des légions d'affranchis ; les victoires éloignées, en accumulant dans l'Italie les captifs, avaient diminué leur valeur et multiplié les affranchissements ; on affranchissait pour augmenter le nombre de ses clients, quelquefois pour que l'esclave, devenu citoyen, reçût sa part dans les distributions gratuites ; le plus souvent au moment de sa mort, pour qu'un long cortége, coiffé du bonnet de la liberté, suivît le char funèbre. La loi Ælia-Sentia eut pour but d'apporter des restrictions à ces libéralités immodérées ; un des chapitres de cette loi était destiné à empêcher l'affranchissement des esclaves, en fraude des créanciers.

Cette dernière disposition était devenue nécessaire à cette époque ; car il arrivait souven qu'une personne dût à quelqu'un un esclave, parce qu'elle le lui avait vendu ou donné ; cependant elle l'affranchissait. Quelquefois encore, un homme n'ayant pas assez de biens pour acquitter toutes ses dettes, affranchissait ses esclaves, et, par là, augmentait son insolvabilité.

La loi Ælia-Sentia, dans une de ses dispositions rapportées dans les Institutes (1), vint protéger les créanciers contre ces actes. Toutes les fois que le débiteur se mettait

(1) Livre 1, titre 6.

sciemment par la manumission hors d'état de payer ses dettes ou qu'il augmentait son insolvabilité, la loi empêchait l'affranchissement, et l'esclave ne devenait pas libre. — *Lex impedit libertatem; ad libertatem non veniunt*, disent différents textes des Institutes ou du Digeste.

Mais l'on exigeait plusieurs conditions pour que l'affranchissement fût anéanti. Il fallait que le débiteur fût de mauvaise foi, en d'autres termes, qu'il connût son état d'insolvabilité, et qu'en réalité il ne pût pas payer ses créanciers. — Le préjudice et l'intention frauduleuse étaient donc nécessaires pour que l'action de la loi Ælia-Sentia fut accordée. On apportait toutefois une exception à cette règle, lorsqu'un maître donnait dans son testament la liberté à son esclave pour en faire son héritier nécessaire, et faire porter sur lui le déshonneur résultant de la vente poursuivie par ses créanciers.

La loi Ælia-Sentia ne s'appliquait qu'aux affranchissements. L'on comprend cependant que, si les esclaves étaient une partie importante de la fortune des Romains, ils ne composaient pas tout leur patrimoine. Les manœuvres coupables qui avaient pour but de dépouiller les créanciers des sûretés sans lesquelles ils n'auraient pas contracté, pouvaient donc impunément s'exercer sur tous les autres biens; c'est ce qui arrivait. Souvent un débiteur, dans le but de se dégager des obligations qu'il avait prises, transmettait ses biens à un complice complaisant, qui lui aidait à consommer la fraude. Le préteur, dont la mission semble avoir été de rapprocher le droit strict des règles de l'équité, dut songer à apporter un remède à cet état de choses. Tout porte à croire que les interdits furent les premières armes dont il se servit pour atteindre le dol.

Le texte de l'interdit qu'il accorda est rapporté par Ulpien, dans la loi 10, au Digeste *quæ in fraudem :*

« *Ait pretor : quæ Lucius Titius fraudandi causâ sciente te, in bonis, quibus de eâ re agitur, fecit ; ea illis si eo nomine, de quo agitur, actio ci ex edicto meo competere, esse ve oportet, et si non plus quam annus est, cum de eâ re, qua de agitur, experiundi potestas est ; restituas, interdum causa cognita, et si scientia non sit, in factum actionem permittam.* »

Le préteur ordonnait par cet interdit la restitution de ce qui avait été aliéné en fraude des créanciers. Plus tard ce magistrat créa une action *in factum*, qu'il inséra dans son édit. — L'on ne sait pas d'une manière exacte quelle fut celle de ces deux institutions qui précéda l'autre. — Il est très probable, cependant, que l'interdit fut antérieur à l'action. L'interdit était une mesure prise par le préteur dans une circonstance particulière, pour ordonner ou défendre quelque chose ; or, il est très vraisemblable que, avant d'insérer dans l'édit d'une manière réglementaire le principe de l'action révocatoire, le magistrat romain dut, sous l'influence de l'équité, venir au secours d'un créancier placé dans une situation favorable. Plusieurs raisons nous apportent cette conviction : la première, c'est que souvent l'interdit a servi de moyen pour passer de la législation formaliste et rigoureuse du droit civil aux règles plus équitables du droit prétorien ; la seconde est que, sans cette explication, l'on ne se rend pas suffisamment compte de l'utilité de l'interdit, qui s'appliquait aux mêmes cas que l'action révocatoire.

Quoiqu'il en soit, le préteur donna, par son édit, aux créanciers, l'action connue plus tard sous le nom d'*Action Paulienne*. Le texte de l'édit est rapporté par Ulpien, dans la loi 1, au Digeste *quæ in fraudem creditor.*

« *Ait prætor*, dit Ulpien, *quæ fraudationis causa gesta erunt, cum eo qui fraudem non ignoraverit, de his curatori bonorum vel ei cui de eâ re actionem dare oportebit, intra annum, quo experiundi potestas fuerit, actionem dabo ; id que etiam adversus ipsum, qui fraudem fecit, servabo.* »

Le préteur se proposait donc dans cette action de défendre les créanciers contre les manœuvres dolosives de leur débiteur. — Ulpien, dans la loi que nous avons citée, dit en effet : « *Necessario Prætor hoc edictum proposuit ; quo edicto consuluit creditoribus, revocando ea quæcumque in fraudem eorum alienata sunt.* »

Nous verrons plus tard que cette action dont parle le Digeste était une action *in personam*, conçue *in factum* et arbitraire, et qu'elle était donnée pour faire révoquer non seulement les aliénations, mais encore tout acte au moyen duquel le débiteur aurait diminué son patrimoine.

Mais on ne l'accordait pas contre tout détenteur ; car elle n'est pas *in rem* ; elle pouvait être dirigée seulement contre le débiteur qui avait fraudé et contre les personnes qui, traitant avec lui, avaient connu la fraude, quand même elles ne possédaient plus. On la donnait cependant contre les tiers même de bonne foi, s'ils avaient reçu les biens à titre gratuit ; dans ce dernier cas, il est vrai, les donataires n'étaient tenus que jusqu'à concurrence de ce dont ils avaient profité.

A côté de cette action, l'on trouve aux Institutes (1) une Action Paulienne qui ne s'appliquait qu'aux actes d'aliénation et qui n'était autre chose qu'une *rei vindicatio*, construite sur une *formula fictitia*, à l'aide de laquelle les créanciers poursuivaient et réclamaient entre les mains de tout détenteur les

(1) Livre 4, titre 6.

choses aliénées frauduleusement. Dans ce cas, le préteur rescindait l'aliénation, et permettait d'agir comme si le précédent propriétaire n'avait pas cessé de l'être.

Notre travail, qui débutera par l'étude de l'Action Paulienne du Digeste, se divisera en cinq chapitres. Dans le premier, nous rechercherons quels actes peuvent donner lieu à l'Action. Dans le second, nous verrons quelles sont les conditions nécessaires pour l'exercer. — Le chapitre troisième nous fera connaître quelles personnes peuvent l'invoquer, et contre qui elle est dirigée. — Dans le chapitre quatrième, nous examinerons quels sont ses effets et quelle est sa durée. — Enfin, dans le chapitre cinquième, nous étudierons l'Action Paulienne des Institutes, et ses différences avec celle du Digeste.

CHAPITRE Ier.

Quels actes peuvent donner lieu à l'Action Paulienne?

Les réflexions auxquelles nous venons de nous livrer font suffisamment comprendre que la protection que le préteur accordait aux créanciers ne devait pas être incomplète.

Tous les actes, quels qu'ils fussent, qui avaient pour résultat de diminuer le patrimoine de leur débiteur, étaient atteints par l'Action Paulienne. Les expressions de l'édit étaient d'ailleurs générales. Le préteur disait : « *Quæ fraudationis causa gesta erunt.* » Ulpien, dans la loi Ire, h. t., § 2, ajoutait : « *Hæc verba generalia sunt et continent in se omnem omnino in fraudem factam vel alienationem, vel quemcumque contractum, Quodcumque igitur fraudis causa factum est, videtur his verbis revocari, qualecunque fuerit ; nam late ista verba patent.* »

Ainsi, tous les actes frauduleux du débiteur, quels qu'ils soient, tomberont sous l'application de cet édit.

Le débiteur contracte-t-il une obligation nouvelle pour tromper ses créanciers (1)? — Fait-il un payement avant le terme fixé? — Accorde-t-il la remise d'un gage (2)? — Cau-

---

(1) L. 3, *princ.* h. t.
(2) L. 18, h. t.

tionne-t-il une dette (1) ? — Constitue-t-il une sûreté spéciale au profit d'un des créanciers (2) ?

Dans toutes ces hypothèses, le préteur vient en aide à celui qui a été trompé.

Les actes mêmes les plus favorables n'échappent pas à l'action révocatoire. Ainsi, dans la loi 2, au Code *De revocandis his quæ in fraudem*, l'on annule une constitution de dot. On sait cependant combien les Romains facilitaient les mariages et tout ce qui pouvait les multiplier !

La loi 2 est ainsi conçue : « *Si successione patris abstenta fuisti : ob ea, quæ in dotem data sunt convenire te creditores nequeunt, quibus pignora in dotem data non docentur ; nisi bonis defuncti non sufficientibus, in fraudem creditorum dotem constitutam probabitur.* »

L'on comprend l'hypothèse que prévoit ce texte. Une femme a reçu une dot de son père, et les objets qui ont été compris dans la constitution dotale n'ont été d'ailleurs ni donnés en gage, ni hypothéqués aux créanciers. Le père était insolvable au moment du mariage de sa fille, et celle-ci s'abstient de la succession pour que les créanciers ne puissent pas se faire payer sur ses biens dotaux. Le préteur permet de faire révoquer la constitution au moyen de l'Action Paulienne.

Mais ce n'est pas seulement par des aliénations, par des actes quelconques qu'un débiteur peut diminuer sa fortune ; son inaction peut aussi la compromettre. L'on peut dès lors se demander si l'édit atteindra aussi bien les résultats de la négligence que les actes directs de fraude.

Il faut répondre affirmativement. — La loi 4, h. t., dit en

(1) L. 25, h. t.
(2) L. 2 et 10, § 13, h. t.

effet : « *In fraudem facere videri etiam eum, qui non facit quod debet facere.* » La loi 3, § 1, ajoute : « *Gesta fraudationis causâ accipere debemus, non solum ea quæ contrahens gesserit aliquis, verum etiam si forte data opera ad judicium non adfuit, vel litem mori patiatur, vel a debitore non petit ut tempore libere- tur, aut usumfructum, vel servitutem amittit.* »

Ainsi, quand un débiteur n'exercera pas une action dans le délai qui lui était accordé et qu'il laissera périmer une ins-tance, lorsqu'il ne réclamera pas à temps le payement d'une dette, qu'il fera l'abandon d'un usufruit ou d'une servitude, il pourra être attaqué par l'action révocatoire.

Le préteur l'accordera encore contre celui qui laissera ac-complir l'usucaption. *Vix est enim ut non videatur alienare qui patitur usucapi,* dit la loi romaine (1).

Doneau (2) résume la doctrine du Digeste sur ce point dans des termes que nous croyons devoir reproduire :

« *Non intererit,* dit-il, *quâ ex causâ quid alienatum sit, ut ex hoc edicto revocetur. Nihil intererit, puta donaverit quis, an vendiderit, atque adeo an ex causa, quæ necessaria, an publica videatur, solverit. Itaque etiam res in fraudem creditorum doti data aut constituta repetitur. Quin etiam si debitor solverit uni ex creditoribus, etsi maxime creditor, suum recipit, et debitor videtur necesse habere solvere, tamen hactenus revocatur pecu- nia, ut is, qui accepit, vocetur in portionem, exæquetur que ce- teris creditoribus, qui in possessionem missi sunt ; qui scilicet, cum jam par eorum conditio ceperit, aperte fraudantur nisi om- nes exæquantur.* »

Dans ce passage, Doneau exprime très énergiquement le

(1) L. 28, *De verb. signif.*
2) Liv. XXIII, chap. XVIII, § 6.

principe que tous les actes, quels qu'ils soient, peuvent être atteints par l'édit du préteur. Il cite en terminant un exemple sur lequel nous avons besoin de donner quelques explications. Il suppose qu'un débiteur paye un de ses créanciers après l'envoi en possession. On sait que l'envoi en possession (*missio in possessionem bonorum*) était une sorte de procédure d'expropriation. Le préteur envoyait par un décret les créanciers en possession de l'universalité de la fortune du débiteur, qui était ensuite vendue et adjugée à celui qui offrait de payer le plus fort dividende sur chaque créance. Cette procédure avait pour résultat d'établir l'égalité la plus complète entre les créanciers. — Doneau, dans les paroles que nous avons rapportées, fait remarquer que la position de celui qui reçoit le payement de ce qui lui est dû est très favorable. « L'on ne peut pas, dit-il, faire un reproche au débiteur de ce qu'il a payé, puisqu'il était obligé de le faire. » Malgré ces raisons, notre auteur n'hésite pas à dire que le payement fait à un seul des créanciers, après l'envoi en possession, doit être annulé.

Ces explications montrent donc que les termes de l'édit étaient généraux et atteignaient tous les faits qui pouvaient diminuer la fortune du débiteur. Nous verrons cependant, dans les chapitres suivants, que certaines restrictions venaient limiter le principe que nous avons essayé d'exposer.

CHAPITRE II.

Quelles conditions sont nécessaires pour pouvoir exercer l'Action Paulienne?

Ces conditions sont au nombre de quatre :

Il faut 1° que le débiteur ait diminué son patrimoine ;

2° Qu'il ait payé ce qu'il ne devait pas ;

3° Qu'il ait causé un préjudice ;

4° Que l'intention frauduleuse ait existé chez lui, et même quelquefois chez les tiers qui ont contracté avec lui.

§ 1. — Il faut que le débiteur ait diminué son patrimoine.

Dans tous les actes que nous avons examinés, le débiteur renonçait à un droit acquis et faisait sortir un bien de son patrimoine. Mais lorsqu'il ne diminuait pas sa fortune, lorsqu'il négligeait seulement les occasions de l'augmenter, l'édit du préteur ne pouvait pas être invoqué.

La loi 134, *De reg. juris*, dit en effet : « *Non fraudantur creditores, cum quid non adquiritur a debitore, sed cum quid de bonis deminuitur.* »

La loi 28, *De verb. signif.*, vient confirmer ce principe :

« *Qui occasione adquirendi non utitur, non intelligitur alienare.* »

Enfin la loi 6, h. t., le proclame et l'explique de manière à ne pas laisser place au doute : « *Quod autem*, dit Ulpien, *cum*

possit aliquid quærere, non id agit, ut adquirat, ad hoc edictum
non pertinet; pertinet enim edictum ad deminuentes patrimo-
nium, non ad eos qui id agunt, ne locuplentur. »

Il serait peut-être difficile d'indiquer le motif qui avait
amené cette règle. Les Romains avaient sans doute craint, en
la rejetant, d'étendre outre mesure le droit des créanciers, et
avaient pensé que ceux-ci n'avaient pu compter sur des biens
qui n'avaient jamais fait partie de la fortune de leur débiteur.

Quoiqu'il en soit, le principe était admis d'une manière incontestable, et l'on en trouve de fréquentes applications dans
les textes.

Ainsi, d'après la loi 6, § 2, h. t., celui qui répudiait une hérédité, soit légitime, soit testamentaire, ne tombait pas sous
l'application de l'édit.

Celui qui refusait un legs échappait aussi à l'Action Paulienne (1). Il en était de même de celui qui avait stipulé sous
condition et qui ne l'accomplissait pas, parce que celui qui
avait stipulé sous condition n'était pas considéré comme étant
déjà créancier (2).

Si un legs avait été fait sous condition et que le débiteur la
fît défaillir, l'on n'accordait pas encore l'action révocatoire (3).

La loi 7, au Code § 1, *Ad senatus*, C. Treb., décide que l'édit
ne s'appliquait pas à l'héritier fiduciaire, lorsque, au lieu de
retenir la portion à laquelle il avait droit, il n'acceptait l'hérédité que sur l'ordre du magistrat, et dès lors la restituait intégralement.

La loi 6, § 3, à notre titre, refuse l'Action Paulienne aux

(1) L. 6, § 4, h. t.
(2) L. 6, § 1, h. t.
(3) L. 1. § 6. *Si quid in fraud. patroni.*

créanciers, lorsqu'un père a émancipé son fils pour lui donner la faculté de renoncer à une succession ou de l'accepter à
son gré.

La même loi, au paragraphe 8, dit enfin que si quelqu'un a
vendu son esclave qui a été institué héritier, pour qu'il accepte
la succession par ordre de l'acheteur, il n'y a pas lieu à l'édit,
quoiqu'il y ait fraude dans l'institution d'héritier, pourvu
qu'elle n'existe pas dans la vente de l'esclave, parce qu'il peut
renoncer à la succession. Il en serait différemment si la vente
de l'esclave était frauduleuse, comme s'il avait été affranchi
pour tromper les créanciers.

§ 2. — Il est nécessaire que le débiteur ait payé ce qu'il ne devait pas.

Lorsqu'un créancier ne reçoit que ce qui lui est dû, il ne
commet aucun dol. — Il ne fait en définitive qu'exercer son
droit, lorsqu'il se fait payer à l'échéance; on ne saurait lui
reprocher d'avoir contracté avec un insolvable; serait-il juste
de lui imposer le sacrifice de ses prétentions légitimes pour
en faire profiter d'autres personnes qui ont été moins vigilan-
tes? — Évidemment non. S'il a amélioré sa position, les autres
créanciers pouvaient, comme lui, rendre leur situation meil-
leure; ils n'ont à blâmer qu'eux-mêmes d'avoir été négligents.

Aussi la loi 129, *De reg. juris*, dit-elle : « *Nihil dolo creditor, facit, qui suum recipit.* »

Dans la loi 24, h. t., Scœvola fait tenir à celui qui s'est fait
payer le langage suivant : « *Vigilavi, meliorem meam conditio-
nem feci; jus civile vigilantibus scriptum est; ideo quoque non
revocatur id, quod percepi.* »

Pourrait-on se tourner alors vers le débiteur et lui adresser

un blâme? Il répondrait qu'il a été forcé de payer. C'est ce que
fait remarquer Ulpien dans la loi 6, § 6 : « *Pariter apud La-*
beonem scriptum est, eum qui suum recipiat, nullam videri frau-
dem facere; hoc est, eum qui quod sibi debetur, receperat. Eum
enim, quem Præses invitum solvere cogat, impune non solvere
iniquum esse; totum enim hoc edictum ad contractus pertinere,
in quibus se prætor non interponit; ut puta pignora, venditio-
nes que. »

Mais ces règles ne seraient pas applicables si le payement
avait eu lieu avant l'échéance. Lorsqu'un homme est insolvable, l'on ne comprend pas, en effet, qu'il paye un de ses créanciers avant d'y être obligé. Un acte semblable ne peut s'expliquer que dans une pensée de dol. — Aussi le préteur
regarde-t-il comme frauduleux le payement d'une dette non
échue. (L. 10, § 12, h. t.)

Que devra rapporter, dans ce cas, le créancier? M. Tam-
bour, dans son *Traité des voies d'exécution*, t. Ier, pag. 295,
s'exprime ainsi sur cette question :

« Les auteurs ne sont pas d'accord sur le point de savoir si
le créancier doit, dans ce cas, rapporter tout ce qu'il a reçu
ou seulement l'*inter usurium*; la question a de l'intérêt, quand
le terme du payement était antérieur à l'envoi en possession,
et que le prix de la vente ne fournit à chacun des créanciers qu'un dividende. — Celui qui avait été payé d'avance
conservera-t-il cependant tout le capital? M. de Vangerow,
combattant en cela la doctrine d'un autre auteur allemand,
Francke, n'admet que la répétition de l'*inter usurium*. Il se
fonde sur ce que, pour le créancier, il ne peut être question
de fraude, puisqu'il reçoit ce qui lui est dû; or cela n'est pas
seulement vrai de celui dont la créance est exigible, mais aussi
du créancier à terme, du moins en ce qui touche le capital.

(§ 698, II.) Cette solution est d'ailleurs conforme au texte des lois (L. 10, § 12, et l. 17, § 2, h. t.). »

Pour qu'une dette ne puisse pas être critiquée, il importe du reste fort peu qu'elle soit civile ou naturelle. Si le créancier recevait le payement d'une obligation naturelle, il ne pourrait donc pas être atteint par l'Action Paulienne.

Aussi la loi 20, h. t., dit-elle que le débiteur qui a restitué toute l'hérédité en vertu du sénatus-consulte Trebellien n'est pas censé avoir aliéné en fraude de ses créanciers la portion qu'il pouvait retenir; on considère plutôt qu'il a exécuté fidèlement son fidéicommis. — La loi 19, h. t., de son côté, décide que si un père a remis, de son vivant, à sa fille émancipée, la succession maternelle qu'il devait lui rendre par fidéicommis, sans avoir égard à la falcidie, il ne peut pas être considéré comme ayant voulu tromper ses créanciers.

Les créanciers qui reçoivent le payement d'une dette échue ne peuvent pas être poursuivis par l'action révocatoire. Ce principe reçoit une exception importante lorsque les créanciers ont été envoyés en possesion des biens de leur débiteur.

Nous avons déjà indiqué ce qu'était la *missio in possessionem bonorum*. Ce fut le moyen d'exécution que substitua le préteur à la *manus injectio*. Ce magistrat, après certaines formalités dont nous n'avons pas à nous occuper, rendait un décret par lequel il ordonnait que l'universalité des biens du débiteur fût possédée par les créanciers, annoncée publiquement par affiches écrites comme devant être vendue, et enfin vendue. Après de nouvelles formalités, l'addiction de l'universalité, de l'ensemble des droits actifs et passifs du débiteur était faite au profit de celui qui offrait le plus fort dividende sur chaque créance. Cette procédure avait pour résultat d'établir entre les différents créanciers l'égalité la

2

plus complète. On comprend donc que l'envoi en possession exercera la plus grande influence sur la validité des payements, et que celui dont les biens sont atteints par cette procédure ne pourra pas désintéresser l'un de ses créanciers au préjudice des autres.

C'est ce que disent les lois 10, § 16, et 6, § 7, h. t.

Dans cette dernière loi, Ulpien s'exprime ainsi :

« *Sciendum, Julianum scribere, eoque jure nos uti, ut qui debitam pecuniam recepit, antequam bona debitoris possideantur, quamvis sciens prudens que solvendo non esse recipiat, non timere hoc edictum ; sibi enim vigilavit. Qui vero post bona possessa debitum suum recepit, hunc in portionem vocandum, exœquandumque cœteris creditoribus ; neque enim debuit prœripere cœteris post bona possessa, cum jam par conditio omnium creditorum facta esset.* »

L'on voit qu'Ulpien décide que celui qui a reçu ce qui lui était dû, avant l'envoi en possession des biens du débiteur, quoiqu'il ait connu l'insolvabilité de ce dernier, n'a pas à redouter l'édit ; il n'a fait que veiller à ses intérêts. Mais celui qui n'a été payé qu'après l'envoi en possession, doit être réduit à la même portion que les autres créanciers, et égalé à eux ; il ne peut pas en effet être payé par préférence, puisqu'à ce moment la condition de tous les créanciers doit être égale.

Le créancier gagiste pourrait être désintéressé même après la *missio in possessionem*, pourvu, d'ailleurs, que son gage n'eût pas été constitué frauduleusement.

La loi 6, § 2, *De rebus auct. judicis*, apporte une autre exception au principe que les payements faits avant l'envoi en possession ne peuvent pas être attaqués.

D'après cette loi, lorsqu'un tuteur a payé quelqu'un *per gratificationem*, ce qui a été reçu doit être partagé. Il y aura *gratificatio* si les créanciers, réclament en même temps leur payement, le tuteur paye l'un de préférence à l'autre. — Mais si l'un des créanciers, plus vigilant que les autres, se fait désintéresser, l'Action Paulienne ne peut pas être exercée par les autres.

§ 3. — Les créanciers doivent avoir éprouvé un préjudice.

L'un des grands principes du droit romain comme du droit français est que l'on ne saurait concevoir une action sans un intérêt qui la justifie.

Pour que les créanciers puissent se plaindre, ils doivent donc établir que l'acte qu'ils attaquent leur cause un préjudice. — Or, ils ne seront lésés qu'autant que le fait dont ils se plaignent a fait naître ou a augmenté l'insolvabilité du débiteur. Cette insolvabilité sera du reste constatée par la discussion préalable et par la vente des biens de celui qui est obligé.

C'est ce que dit la loi 10, § 1, h. t. : « *Ita demum revocatur, quod fraudandorum creditorum causâ factum est, si eventum fraus* (1) *habuit, scilicet si hi creditores, quorum fraudandorum causa fecit, bona ipsius vendiderunt.* »

La fraude est donc censée avoir produit tous ses effets, lorsque les biens de celui qui l'a commise ont été vendus et que le prix n'a pas suffi pour désintéresser tout le monde.

Quoique l'action révocatoire ne puisse en général être exercée avant la vente des biens, cependant on fait une exception pour le cas où elle a pour but d'obliger l'un des créanciers à partager avec les autres le payement reçu avant l'envoi en possession. (L. 6, § 7, et l. 10, § 16, h. t.)

_____

(1) On entend par *eventus fraudis*, le préjudice causé.

Les Romains avaient conclu du principe que le préjudice
était nécessaire pour pouvoir invoquer l'édit, que si le débiteur payait les créanciers en fraude desquels il avait aliéné
et prenait de nouvelles obligations, la révocation des actes
frauduleux n'aurait pas lieu. Il en serait différemment s'il
s'était acquitté envers les créanciers à l'égard desquels le dol
existait, avec l'argent des autres. (L. 10, § 1, h. t.)

Lorsque les créanciers ont approuvé les actes de leur
débiteur, ils ne sont pas admis à se prévaloir de l'édit : *Qui
suâ culpâ damnum sentit, sentire non videtur*, dit un vieil
adage, et la loi 6, § 9, vient le confirmer dans les termes suivants : « *Nemo videtur fraudare eos qui sciunt et consentiunt.* »
C'est à cet ordre d'idées que se rattache la loi 10, § 9.

« *Si fraudator*, dit Ulpien, *heredem habuit et heredis bona
venierint; non est in bonis quibus de agitur, factum; et ideo
cessat actio.* »

Lorsqu'ils ont accepté l'héritier comme débiteur, les créanciers ont renoncé à se prévaloir du dol de son auteur. Mais
cette présomption ne serait pas admise si elle était démentie
par les circonstances, comme si l'acceptation de l'hérédité
était ignorée ou si la séparation des patrimoines avait été
demandée.

§ 4. — Le débiteur, et quelquefois les tiers avec lesquels il a con-
tracté, doivent être de mauvaise foi.

Il ne suffit pas d'établir le préjudice, il faut encore prouver chez le débiteur l'intention frauduleuse. La loi 79 *De
regulis juris* établit ce principe d'une manière incontestable.
« *Fraudis interpretatio semper in jure civili, non ex eventu
duntaxat, sed ex consilio quoque desideratur.* »

Quand cette intention existera-t-elle ? Doit-on prouver que

le débiteur, en agissant, ait eu en vue le tort qu'il allait causer? La loi romaine ne l'exigeait pas. Il suffisait qu'il eût connu le préjudice qui était la conséquence directe de l'acte qu'il faisait; qu'il sût, en un mot, qu'il produisait ou augmentait son insolvabilité. C'est ce que disent les Instituts (1) pour le cas spécial de la manumission. « *In fraudem autem creditorum manumittere videatur, qui vel jam eo tempore quo manumittit solvendo, non est, vel datis libertatibus desiturus est solvendo esse.* »

La loi 17, § 1, h. t., pose le même principe d'une manière plus générale : « *Lucius Titius, cum haberet creditores, libertis suis, hisdem que filiis naturalibus universas res suas tradidit. Respondit, quamvis non proponatur consilium fraudandi habuisse, tamen qui creditores habere se scit, et universa bona sua alienavit, intelligendus est fraudandorum creditorum consilium habuisse.* »

Cette loi suppose qu'une personne a donné tous ses biens à ses affranchis, qui sont en même temps ses enfants naturels ; ce n'est pas l'intention de tromper ses créanciers qui a déterminé l'acte, et cependant l'on accordera l'Action Paulienne, parce qu'il suffit que cette personne ait su qu'elle avait des créanciers.

La loi 15, h. t., vient enfin confirmer cette règle lorsqu'elle dit : « *Si quis sciret se solvendo non esse.* »

Mais, comme le dit Doneau (2), l'on ne doit pas séparer l'intention frauduleuse du préjudice. Il ne suffira donc pas, pour pouvoir invoquer l'édit, qu'on établisse que le débiteur a produit son insolvabilité par les actes qu'on attaque. De

(1) Livre 1, titre 6, § 3.
(2) Livre 22, titre 18, pag. 8.

même si l'on prouvait seulement sa mauvaise foi, sans dé-
montrer qu'il a causé un dommage, l'action révocatoire ne
pourrait pas être intentée. Lorsque le débiteur a dissipé sa
fortune, il a pu d'ailleurs se faire illusion sur sa richesse et
être de bonne foi. Doneau dit, avec raison, *quin ita est inge-
nium hominum ut plus de suis facultatibus existiment quam in
his est.*

M. Ortolan (1) cite, d'après Théophile, différents exemples
dans lesquels il y a tantôt l'intention sans le fait, tantôt le
fait sans l'intention. « Ainsi, dit-il, un maître affranchit un
esclave, ignorant qu'une maison qu'il possède à Constanti-
nople vient de brûler, et que cette perte l'a rendu insolvable,
l'esclave, néanmoins, sera libre, parce qu'il n'y a pas *consilium.* Il en sera de même si un débiteur insolvable a dit dans
son testament : « Si l'on paye à mes créanciers tout ce qui
» leur est dû, que Stichus devienne libre (2). » Dans ce dernier cas, il est vrai, l'affranchissement ne sera que condi-
tionnel. »

Il ne serait pas difficile de trouver des applications nom-
breuses du principe que nous avons posé ; mais ces exemples
suffisent pour faire comprendre la nécessité du préjudice et
de l'intention frauduleuse.

Il y a des actes qui, par leur nature ou par les circonstances qui les accompagnent, excluent toute idée de dol.

Ainsi, les créanciers postérieurs ne pourront pas se plaindre de ce que les actes de leur débiteur aient été faits en
fraude de leurs droits. Il en serait différemment si les deniers fournis par les créanciers les plus récents avaient

(1) Institutes, t. 1, pag. 173.
(2) Digeste 40, t. 9, l. 5, § 1.

servi à payer les plus anciens. (L. 10, § 1; l. 15 et l. 16, h. t.)

La loi 20, h. t., décide qu'on ne pourra pas attaquer la restitution intégrale d'un fidéicommis, lorsque le fiduciaire n'a pas retenu la quarte à laquelle il avait droit. Cette restitution est l'accomplissement d'un devoir et ne peut être considérée comme un acte dolosif.

Dans la loi 19, h. t., Papinien suppose qu'un père institué héritier par sa femme et chargé de restituer à sa mort l'hérédité maternelle à son fils émancipé, lui rend toute la succession de son vivant et sans retenir la falcidie. Dans cette hypothèse, Papinien répond qu'on ne doit pas considérer que le père ait voulu tromper ses créanciers.

La mauvaise foi du débiteur suffit-elle? Celle des tiers qui ont contracté avec lui est-elle nécessaire? Les Romains distinguaient entre les actes à titre gratuit et les actes à titre onéreux. Il n'est pas nécessaire pour faire annuler l'acte à titre gratuit que le donataire ait une intention frauduleuse; il suffit qu'elle existe chez le débiteur.

L'on ne pourra pas, au contraire, révoquer une vente si l'acquéreur n'a pas été complice du dol.

La constitution 5, *De revocandis his quæ in fraud.*, établit nettement cette distinction :

« *Ignoti juris non est,... per actionem in factum contra emptorem qui sciens fraudem comparavit, et eum, qui ex lucrativo titulo possidet, scientiæ mentione detracta, creditoribus suis esse consultum.* »

Ulpien, dans la loi 6, § 11, nous donne le motif de cette règle; il dit, en parlant du donataire : « *Nec videtur injuria offici is, qui ignoravit; cum lucrum extorqueatur, non damnum infligatur.* »

La raison déterminante est donc que celui qui possède à

titre gratuit, ne perd rien par la révocation de l'acte ; il cesse seulement de faire un gain. Au contraire, celui qui acquiert à titre onéreux éprouve un préjudice ; il doit par conséquent être plus favorable que le donataire ; c'est pour cela que l'édit exige qu'il soit de mauvaise foi.

L'intention frauduleuse n'est pas exigée chez celui qui a contracté à titre gratuit. Mais il ne faut pas croire qu'elle soit absolument indifférente. Quand elle existe, l'Action Paulienne est donnée contre lui pour le tout. Au contraire, s'il est de bonne foi, il n'est tenu que jusqu'à concurrence de son émolument. (L. 6, § 11, h. t.)

Il y a un grand intérêt à distinguer les contrats à titre gratuit des contrats à titre onéreux, et la distinction n'est pas toujours facile.

Les Romains avaient éprouvé des doutes sur le caractère de la constitution de dot. Ils avaient fini par reconnaître qu'à l'égard du donateur et de la femme elle est une libéralité ; mais vis-à-vis du mari, c'est un contrat à titre onéreux ; la dot lui est livrée comme compensation des charges du mariage. (L. 14. — L. 25, §§ 1 et 2, h. t.) Dès lors la mauvaise foi n'était exigée que pour le mari.

Un acte sera du reste considéré comme une donation, quelle que soit sa forme, pourvu que l'une des parties ne reçoive rien en échange de ce qu'elle livre. Qu'il s'agisse d'une translation de propriété, d'une obligation contractée, d'un payement même fait avant le terme, peu importe ; il y a une libéralité. — Mais pour qu'un acte soit considéré comme fait à titre gratuit, il faut que l'une des parties reçoive un bénéfice certain ; il ne suffirait pas qu'elle fût affranchie d'une chance de perte.

C'est ce qui explique pourquoi la loi 25, prin. h. t., ne considère pas la remise d'un cautionnement comme une donation.

L'on n'a pas oublié que dans les contrats à titre onéreux, l'on exige un concert frauduleux entre le débiteur et le tiers. Recherchons quelle était la nature de la mauvaise foi exigée chez l'acquéreur. — Les Romains décident qu'il ne suffira pas qu'on ait su que la personne avec laquelle on a traité avait des dettes ; il est nécessaire qu'on ait participé à la fraude. — Cette complicité existera lorsqu'on aura la conscience du dommage que l'acte qu'on fait va causer. C'est ce qui résulte de la loi 17, § 1, que nous avons déjà citée.

La loi 10, § 7, fait d'ailleurs remarquer que le tiers serait coupable de dol, quand même il aurait cru qu'un seul des créanciers était trompé.

Néanmoins si celui qui a été frustré est payé, les autres ne pourront exercer l'action.

L'édit serait encore applicable si celui qui a acheté avait reçu des créanciers l'ordre de ne pas acheter. (L. 10, § 3, h. t.)

Le préteur se sert, dans l'interdit, de l'expression « *sciente te,* » c'est-à-dire qu'il exige la connaissance personnelle du tiers.

Qu'arrivera-t-il donc si les tuteurs ou curateurs d'incapables, tels que mineurs ou fous, savent que les personnes avec lesquelles ils ont traité sont coupables de fraude, et que ces incapables soient dans l'ignorance ? Dans ce cas la loi 10, § 5, donne contre les mineurs ou fous l'action révocatoire, jusqu'à concurrence de leurs émoluments.

Quand l'acte est fait avec un mandataire, la loi 25, § 3, décide que s'il a agi en connaissance de cause, lui seul pourra être poursuivi.

L'esclave et le fils qui se rendent complices de manœuvres dolosives n'obligent le maître et le père que jusqu'à concurrence du pécule ou du profit que ceux-ci ont retiré de l'opération.

Quand un pupille a fait, sans autorisation, un acte qui tombe sous l'application de l'édit, la loi 6, § 10, décide qu'on doit le traiter comme un donataire, parce qu'il n'a pas eu de discernement.

CHAPITRE III.

A qui et contre qui est donnée l'Action Paulienne?

Cette action peut être exercée par les créanciers à l'égard desquels la fraude a été commise. Elle appartient aussi à leurs successeurs, quels qu'ils soient. C'est ce qui résulte de la loi 21, h. t.

Mais lorsqu'elle a été intentée, elle ne profite pas seulement à celui qui l'a poursuivie ; elle sert à la masse des créanciers. Autrement ceux qui auraient exercé l'action révocatoire auraient une sorte de privilège sur une partie des biens du débiteur ; ce qui est impossible. Le texte de l'édit vient confirmer cette opinion ; car il donne cette action au *curator bonorum*, qui représente tous les créanciers.

Cette solution ne doit pas d'ailleurs nous étonner, puisqu'on voit souvent que ce qu'une personne ne peut pas obtenir par elle-même, lui est accordé par l'intermédiaire d'un tiers. « *Sæpe enim*, dit Paul, dans la loi 3, *quæ res pignori, quod quis ex suâ personâ non habet, hoc per extraneum petere potest.* »

Nous avons déjà vu contre quelles personnes l'on peut intenter l'Action Paulienne. Nous savons quelle distinction l'on doit faire entre les acquéreurs à titre gratuit et les acquéreurs à titre onéreux. Nous ne reviendrons pas sur ce point.

Mais celui qui s'est rendu coupable de fraude peut être atteint par l'édit, quoiqu'il ait cessé d'avoir la chose qui lui avait été livrée. Le préteur donne même l'action contre celui qui n'a jamais possédé la chose qui a été remise à un autre. A ce sujet l'on peut indiquer le cas où un mandataire a, à l'insu de son mandant, acheté d'une personne qu'il savait vendre en fraude de ses créanciers ; quoique la chose ne lui soit jamais parvenue, il n'en donnera pas moins lieu à l'édit.

Il n'est pas nécessaire, d'ailleurs, que le tiers ait traité directement avec celui qui a fait la fraude ; il suffit que celui à qui la chose est parvenue ait eu lui-même connaissance de la mauvaise foi du débiteur. La loi 9, h. t., accorde l'action contre le sous-acquéreur. La loi 25 prin., la donne contre le débiteur profitant de l'acceptilation faite à son fidéjusseur ou à son codébiteur solidaire. La même loi, § 2, décide que si un étranger a donné une dot à une fille de famille dans un but dolosif, le mari, s'il connaissait la mauvaise foi, pourra être poursuivi. Il en sera de même de la femme et de son père, s'ils ont agi en connaissance de cause.

Enfin l'on n'exige pas même que celui à qui la chose soit parvenue ait connu la fraude, s'il a traité à titre gratuit. — Les règles sont donc les mêmes vis-à-vis des sous-acquéreurs que de ceux qui ont contracté directement avec le débiteur.

L'Action Paulienne est surtout dirigée contre les tiers. Elle est complètement inutile, en thèse générale, contre le débiteur. Cependant elle recouvre son intérêt contre celui-ci, lorsqu'il a dissipé les biens acquis depuis la vente. En principe, le débiteur, après la vente, pouvait faire cession de biens et ainsi échapper à la contrainte par corps. Mais, dans l'hypothèse où nous nous sommes placé plus haut, on donnait l'action contre lui : « *In id quantum facere potest vel dolo malo fecit quominus possit;* » elle avait alors pour résultat d'empêcher la cession de biens et d'arriver à la contrainte par corps.

CHAPITRE IV.

Quels sont les effets de l'Action Paulienne et quelle est sa durée?

L'action révocatoire avait pour but de venir au secours des créanciers qui avaient été trompés ; elle ne pouvait donc atteindre son objet qu'en faisant révoquer les actes qui nuisaient aux créanciers.

Elle comprenait, du reste, tous les faits qui pouvaient servir d'instruments à la mauvaise foi. Ses conséquences devaient donc varier avec ces faits. S'agissait-il d'aliénations? elles étaient révoquées et les biens étaient remis dans le patrimoine du débiteur.

S'agissait-il d'une obligation qui avait été contractée? on devait en faire remise. Enfin, quelquefois on était obligé de céder des actions.

Ulpien, dans la loi 14, § 4, dit en effet : « *Hac in factum ac-*

tione, non solum dominia revocantur, verum etiam actiones res-
taurantur. »

La loi 10, § 19, nous apprend que celui qui est tenu de cette
action, est obligé de restituer la chose avec tous ses accessoires. La loi 25, § 4, nous dit aussi qu'il doit rendre non-
seulement la chose elle-même, mais encore les fruits pendants
au moment de l'aliénation et ceux qui ont été perçus depuis
la *litis contestatio ;* mais il ne restituera pas ceux qui ont été
recueillis dans le temps intermédiaire. — On n'a pas à rendre
ces derniers fruits, parce qu'ils n'ont jamais fait partie du
patrimoine du débiteur. Il serait injuste que les fruits acquis
depuis la *litis contestatio* ne soient pas remis, parce que les
créanciers ne doivent pas souffrir des retards qu'on a mis à
leur faire justice. Enfin les fruits pendants au moment de l'a-
liénation étaient encore dans le patrimoine du vendeur.

D'après la loi 10, § 20, l'on doit restituer non-seulement les
fruits perçus, mais encore ceux qui auraient pu l'être, à condition, toutefois, d'en déduire les frais de culture.

La loi 10, § 21, dit que les mêmes principes s'appliquent
aux esclaves. Dans la loi 25, §§ 5 et 4, on trouve des exemples qu'il est inutile de reproduire.

Lorsqu'un débiteur avait vendu un fonds de terre en fraude
de ses créanciers, à vil prix, à un tiers qui connaissait la
fraude, et que les créanciers faisaient révoquer la vente, on
s'était demandé s'ils devaient restituer le prix ? Proculus, dans
la loi 7, h. t., répondait qu'on ne devait pas rembourser le
prix ; cependant, la loi 8 permettait au juge de faire rendre la
somme qui avait été payée, si elle se trouvait encore dans les
mains du vendeur, parce que, alors, personne n'éprouvait de
préjudice.

Nous avons déjà dit, en rapportant un passage de la loi

14, que l'Action Paulienne n'avait pas seulement pour résultat une révocation d'aliénations, mais aussi une cession d'actions. D'où l'on concluait que si quelqu'un avait interposé une personne étrangère pour recevoir la tradition de la chose des mains du vendeur de mauvaise foi, il devait céder l'action de mandat.

L'on tirait encore de ce principe la conséquence que si un père avait, en fraude de ses créanciers, livré à son gendre, de mauvaise foi, la dot de sa fille, celle-ci était tenue de céder l'action qu'elle avait contre son mari. (Loi 10, § 15.)

Enfin, en général, tous les débiteurs qui avaient été frauduleusement libérés restaient soumis à leurs engagements. (L, 17, h. t.)

De plus, il fallait tenir compte des intérêts pour le temps écoulé depuis la libération, mais dans le cas seulement où l'obligation produisait des intérêts. (L. 10, § 22.)

Nous venons d'étudier les effets de l'Action Paulienne ; parlons maintenant de sa durée.

D'après la loi 6, § 14, elle devait être intentée dans l'année utile, c'est-à-dire dans l'année écoulée à partir du jour de la vente des biens. Néanmoins, même après l'année, elle se donne « de eo, quod ad eum pervenit dolove malo ejus factum est quominus perveniret. » La loi 10, § 24, nous en donne la raison dans les termes suivants : « Iniquum enim prœtor putavit, in lucro morari eum, qui lucrum sensit ex fraude. »

CHAPITRE V.

De l'Action Paulienne des Institutes, et de ses différences avec celle du Digeste.

L'action révocatoire du Digeste est une action personnelle. Si ce caractère pouvait lui être contesté, il serait établi par cette circonstance qu'elle était donnée même contre celui qui qui ne possédait pas, et contre les héritiers de celui qui s'était rendu complice de la fraude.

De plus, elle était arbitraire ; c'est ce qui résulte des lois 10, §§ 20 et 22, h. t.

Les lois 10, §§ 13 et 14, h. t., prouvent que son *intentio* était conçue *in factum*. C'était, du reste, une action prétorienne. Elle était pénale, puisqu'elle était accordée même contre celui qui n'avait pas profité de l'acte frauduleux.

A côté de cette action, l'on trouve dans les Institutes, liv. 4, titre 6, § 6, une autre Action Paulienne : celle-ci est réelle ; Théophile le dit dans sa paraphrase, et c'est ce qui résulte des mots du texte : « *eam rem petere.* »

L'on se demande, dès lors, pourquoi ces deux actions ont été créées ?

Quelques commentateurs ont prétendu que l'action personnelle était appliquée jusqu'à l'envoi en possession, et l'action réelle depuis cet envoi. Cette opinion est démentie par plusieurs textes. (L. 6, § 7, et l. 10, § 16, h. t.)

Voet (*ad Pandectas, quæ in fraud.,* n° 12) soutient que l'action dont parlent les Institutes n'est pas une Action Paulienne. D'après lui, l'action dont s'occupe le paragraphe 6, a pour fondement le *jus pignoris* résultant de l'envoi en possession, et ne repose pas sur l'idée de fraude. « *Proxima,* dit-il, *Paulianæ Actioni est actio rescissoria alienationis ; quæ pro fundamento non habet fraudem accipientis, sed jus pignoris prætorii, quod creditores per missionem in possessionem adepti sunt ; adeoque quædam actionis hypothecariæ ex pignore prætorio descendentis species est.* » D'après cet auteur, ce serait une action hypothécaire, qui ne s'appuierait pas sur la fraude. Mais le texte exige que l'aliénation ait eu lieu *in fraudem creditorum.* Il faut donc rejeter cette interprétation.

M. Ortolan (INSTITUTES, pag. 539 t., II) affirme qu'il existait deux Actions Paulienne, l'une personnelle et l'au'. : réelle. Il résume ainsi son opinion : « En somme, dit-il, les créanciers envoyés en possession des biens de leur débiteur, ont eu, pour faire révoquer les actes faits en fraude de leurs droits, deux sortes d'Actions Pauliennes, qu'il ne faut pas confondre l'une avec l'autre : 1° l'Action *Pauliana in rem,* qui ne s'appliquait qu'au cas d'aliénation, et qui n'était autre chose qu'une *rei vindicatio,* construite sur une *formula fictitia,* à l'aide de laquelle ils poursuivaient et réclamaient, dans les mains de tout détenteur, les choses aliénées frauduleusement. Celle-ci est sans doute la plus ancienne, et a peut-être fini par être moins fréquemment accordée par le préteur ; — 2° l'Action *Pauliana in personam,* qui s'appliquait à tous les actes frauduleux, et se donnait contre le débiteur, contre les complices de sa fraude, ou contre ceux qui en avaient profité à titre gratuit, même lorsqu'ils ne possédaient plus. »

M. de Savigny, t. V, pag. 28, a dit aussi, en parlant de l'Action Paulienne du Digeste : « Cette action est personnelle ; néanmoins elle peut, en cas de besoin, comme l'action résultant de la violence, se transformer en *in rem actio*, au moyen d'une restitution, Mais dans ce cas même, n'étant jamais dirigée que contre des personnes déterminées, c'est là une action *in rem* contre les défendeurs individuels. »

Dans une note, il explique ainsi l'intérêt que pouvait avoir le demandeur à préférer la *in rem* à la *in personam actio* :

« L'acquéreur, dit-il, soumis à la *Pauliana* par suite de son dol ou de son titre de donataire, pouvait être lui-même en faillite, et alors l'action personnelle dirigée contre lui n'aurait eu aucun résultat. »

Les citations que nous venons de faire montrent suffisamment qu'aujourd'hui l'on ne peut nier l'existence de deux actions révocatoires. Mais malgré les explications que l'on a données, l'utilité de l'une et de l'autre ne s'explique guère qu'autant que l'une a précédé l'autre. Il faut admettre, avec M. Ortolan, que l'action réelle est antérieure à l'action personnelle. L'existence de l'une et l'autre se comprend alors parfaitement. L'on a créé l'action personnelle, parce que l'action réelle ne s'appliquait qu'aux aliénations et n'atteignait pas tous les actes frauduleux à l'aide desquels le débiteur pouvait faire disparaître sa fortune ; l'action réelle a subsisté parce que dans certains cas, comme dans l'exemple cité plus haut, elle pouvait être utile. Il est vrai qu'on objecte contre cette opinion, qu'il est étonnant que les textes du Digeste ne parlent pas de l'action réelle ; mais ce silence doit s'expliquer sans doute parce que cette action avait paru moins avantageuse que l'action personnelle, et que, par suite, sauf quelques cas restreints, elle avait fini par tomber en désuétude.

DROIT FRANÇAIS

DISSERTATION

SUR LA TRANSCRIPTION DES ACTES A TITRE ONÉREUX,
TRANSLATIFS DE PROPRIÉTÉ IMMOBILIÈRE
ET DE DROITS RÉELS SUSCEPTIBLES D'HYPOTHÈQUE.

(Art. 1, 3 et 4 de la loi du 23 mars 1855.)

INTRODUCTION.

—

1. On sait que parmi les différentes divisions des droits, l'une des plus importantes est celle qui les distingue en personnels et en réels.

Les droits personnels ne sont qu'un titre pour acquérir un bien. — Les droits réels donnent un pouvoir direct et immédiat sur une chose.

Les premiers n'obligent que certaines personnes à agir ou à s'abstenir. — Les seconds imposent à tout le monde la nécessité de ne pas apporter d'obstacles à leur exercice. — En d'autres termes, les uns sont relatifs et les autres absolus.

Mais ce ne sont pas les seuls caractères qui les séparent.

Le droit réel est toujours accompagné d'un droit de préférence, et quelquefois d'un droit de suite. Le droit personnel ne jouit pas de ces avantages.

Ainsi, les créanciers hypothécaires, les usufruitiers, les acquéreurs ou donataires ne sont pas tenus de subir les actes de leurs débiteurs, nu-propriétaires, vendeurs ou donateurs, qui portent atteinte à leurs droits. — Ils peuvent encore suivre entre les mains des tiers détenteurs l'immeuble qui leur sert de gage ou qui leur appartient. — Les créanciers chirographaires n'ont pas ces prérogatives. On voit par cet exposé que les tiers ont un intérêt bien plus grand à connaître les droits réels qui frappent le patrimoine de la personne avec laquelle ils contractent, que les droits personnels dont elle peut être tenue.

2. Lorsqu'on réfléchit à l'atteinte si grave qu'un droit réel peut apporter à la fortune d'une personne, aux conséquences importantes que son établissement entraîne toujours, il semble que le législateur de tous les temps eût dû rendre publics les actes qui créent, modifient ou éteignent les droits réels. Le crédit est, en effet, la source de la prospérité d'une nation; c'est lui qui facilite les opérations commerciales et qui multiplie les transactions.

Il est l'âme du commerce; il est le levier puissant qui met en mouvement l'esprit d'entreprise et qui amène la richesse d'un peuple. Or, le crédit n'est assuré que si l'existence des droits réels est révélée au public. Avec la clandestinité des hypothèques et des transmissions de propriété, les affaires deviennent difficiles, ne donnent que des résultats incertains : on hésite à contracter parce qu'on n'est jamais tranquille sur les conséquences, sur l'avenir de la convention que l'on forme; le monde des affaires reste, en un mot, dans l'immobilité, au grand détriment de la fortune publique et de la prospérité générale.

Cependant, malgré d'incontestables avantages, la publicité des droits réels est restée longtemps inconnue, et elle n'est même devenue complète dans notre législation que par la promulgation de la loi du 23 mars 1855.

3. Le Code Napoléon avait bien maintenu, pour la conservation des hypothèques et des priviléges, la nécessité de l'inscription, établie par les lois de la révolution. -- Les dona-

tions continuaient aussi à être rendues publiques. Mais les législateurs de 1804, renonçant au système de la loi de brumaire an VII, avaient rétabli la clandestinité des transmissions de propriété. Ces dispositions manquaient de logique et avaient amené de grandes perturbations dans les affaires, lorsque le législateur a donné satisfaction aux vœux des publicistes et des jurisconsultes, en promulgant la loi du 23 mars 1855. — Avant d'expliquer les articles de cette loi qui font l'objet de ce travail, il est nécessaire de chercher les origines de la nouvelle formalité qui devra maintenant accompagner les transmissions d'immeubles.

4. Dans la législation de Rome, les moyens de transmettre la propriété variaient, suivant qu'il s'agissait de choses *mancipi* ou *nec mancipi*. Les choses *mancipi* dont Ulpien (1) nous donne l'énumération, ne s'aliénaient qu'au moyen d'une cérémonie symbolique, appelée la mancipation, où certaines paroles étaient prononcées par les parties contractantes en présence de cinq témoins et d'un *libripens*.

La transmission des choses *nec mancipi* ne s'accomplissait qu'à l'aide d'un fait matériel, la tradition (2). La vente était bien parfaite sans tradition, en ce sens qu'elle produisait un lien de droit, une obligation de livrer la chose.

Mais cette obligation était purement personnelle ; elle ne permettait pas à l'acquéreur d'agir par l'action en revendication, comme le propriétaire aurait pu le faire. Avant la tradition, la propriété restait donc sur la tête du vendeur (3)

_____

(1) *Fragm.*, t. 19, § 1.

(2) *Traditionis et usucapionibus dominia rerum non nudis pactis transferuntur*, dit la loi romaine.

(3) *Voy.* Institutes, *De empt. vend.*, § 3.

dans le dernier état du droit romain, la mancipation était tombée en désuétude. La tradition la remplaça.

Cette législation formaliste n'admettait donc pas que le simple consentement pût déplacer la propriété; elle exigeait des formes matérielles, des symboles, des simulacres qui devaient accompagner la mutation. Néanmoins dans certains cas, ces principes avaient été abandonnés. Ainsi, dans le legs *per vendicationem*, dans la succession des héritiers siens et nécessaires, la propriété était acquise *ipso jure*, au légataire ou à l'héritier, sans qu'ils fussent obligés de faire aucun acte d'appréhension. Ulpien avait même essayé de faire admettre que la propriété serait déplacée par le seul effet de la résolution du contrat, notamment dans le cas *d'addictio in diem*. Mais son opinion n'avait pas prévalu (1).

Doit-on voir dans ces formalités extérieures, la mancipation et la tradition, des moyens de favoriser le crédit? D'excellents esprits (2) ont soutenu que les Romains avaient voulu par ces actes matériels constater la mutation de propriété, afin que les tiers ne puissent pas être trompés.

J'admettrais difficilement que les premiers Romains aient eu des idées assez nettes sur le crédit pour songer à rendre publiques les différentes transmissions. Je penserais plutôt, avec M. Toullier (t. 4, n° 87), que dans ces temps reculés où l'écriture était inconnue, où, du moins, l'usage en était rare, l'on voulait frapper les sens et fixer la mémoire par des actes sensibles et matériels.

(1) Voy. M. PELLAT, sur la loi 41, *De rei vindicatione.*

(2) Voy. M. JOURDAN, *Thémis V*, pag. 481; M. HUREAUX, *Revue franç. et étrang.* 1846, pag. 678; M. GROS, *Séance de l'Assemblée législative du 15 février* 1851.

M. Troplong a dit aussi (1) : « D'après le droit des époques barbares, la transmission de la propriété est inséparable de certaines formes extérieures et solennelles qui frappent les sens, qui s'emparent de l'esprit et suppléent, par une impression physique, aux faibles perceptions de la conscience et de la bonne foi. »

Concluons donc que, si le crédit a pu profiter de l'existence de la mancipation et de la tradition, ce n'était pas pour le favoriser qu'avaient été créées ces formalités.

8. L'ancien droit germanique voulait aussi que des cérémonies extérieures vinssent accompagner les déplacements de propriété. Les formules de ces temps primitifs (2) exigeaient, indépendamment de la prise de possession, des pantomimes où le vendeur livrait à l'acheteur une motte de terre, du gazon, une branche d'arbre, un bâton, un couteau, un glaive, en présence de témoins (*boni homines*) qui constataient la mutation.

6. Mais pour trouver l'origine de la transcription, il faut consulter le droit féodal, où l'on voit que la propriété ne pouvait être transmise que par l'accomplissement de certains actes, appelés de divers noms, suivant les coutumes, tels que vest et devest, saisine et dessaisine, adhéritance et déshéritance, devoirs de loi, mise de fait, main-assise, etc.

Merlin, dans son *Répertoire* (3), nous explique que d'après le droit féodal « les seigneurs étaient autrefois propriétaires de tous les héritages situés dans leurs territoires respectifs.

(1) *Revue de Législation*, t. 25, pag. 111
(2) PARDESSUS, *Loi salique*, pag. 616 et suiv.
3) V° Nantissement.

Dans la suite, ajoute-t-il, ils en ont inféodé ou accensé une partie à leurs vassaux. Mais le domaine direct de ce fonds, demeurant toujours dans leurs mains, ceux-ci n'ont jamais pu et ne peuvent encore se dire propriétaires dans toute l'étendue de ce mot; par conséquent, il ne peut pas être en leur pouvoir de transférer leurs droits à des tiers sans l'intervention des seigneurs; et les donations, ventes ou constitutions d'hypothèques qu'ils en font, ne sont, pour ainsi dire, que des procurations *ad resignandum*; semblables à des bénéficiers qui ne peuvent pas transporter directement leurs prébendes à ceux qu'ils jugent à propos, mais seulement les remettre aux collateurs, pour les conférer aux personnes qui leur sont indiquées par les actes de résignation. »

Ces formalités, qui dérivaient de la souveraineté des seigneurs sur le sol, furent d'abord indispensables dans toutes les coutumes pour acquérir des droits réels sur les biens dont on était acheteur, donataire, etc. Mais bientôt elles parurent trop gênantes. La plupart des provinces s'en débarrassèrent et proclamèrent le principe : « Nul ne prend saisine, qui ne veut. » Les coutumes qui les conservèrent (1) s'appelèrent *coutumes de nantissement*.

Arrêtons-nous un instant et voyons ce qu'étaient les devoirs de loi.

Dans le principe, on se faisait mettre en possession ou par les officiers du seigneur dont les biens étaient mouvants (2), ou par les juges royaux, dans le ressort desquels les biens étaient situés (3). Plus tard on remplaça ces formalités

(1) C'étaient celles de Picardie, de Vermandois et de la Belgique.
(2) C'est ce qu'on appelait *ensaisinement, devoirs de loi.*
(3) C'est ce qu'on nommait *main-mise, main-assise, mise de fait.*

par une reconnaissance du contrat, faite devant le fonctionnaire public compétent. L'officier qui devait présider aux
devoirs de loi et les formes du nantissement variaient suivant
les coutumes (1).

Quelques coutumes, telles que celles de Vermandois et de
Reims, exigeaient qu'on joignît à la reconnaissance du contrat, faite par écrit, des signes matériels de l'ensaisinement
du nouveau propriétaire. Le vendeur plaçait entre les mains
du juge, comme symbole de l'héritage, un bâton que ce dernier remettait à l'acquéreur.

Indépendamment de son origine féodale, le nantissement
avait pour but de prévenir les fraudes et les stellionnats;
aussi exigea-t-on que les devoirs de loi continssent une désignation précise de l'héritage vendu. Ils étaient ensuite transcrits sur les registres des seigneurs, que tout le monde pouvait consulter; il fallait enfin que les déclarations qui avaient
été reçues par l'officier public compétent, fussent enregistrées
au greffe de la situation des biens.

Cette formalité n'était d'ailleurs nécessaire que pour transférer la propriété à l'égard des tiers. Avant sa réalisation, le
contrat donnait une action pour obtenir, par voie de justice,
cette tradition solennelle que, contrairement à son engagement, le vendeur n'effectuait pas (2).

Les devoirs de loi ne s'appliquaient pas seulement aux actes
d'aliénation ou de constitution d'hypothèques, mais à tous
actes constitutifs d'un droit réel ou d'une charge quelconque,
pouvant diminuer la valeur vénale de l'immeuble (3).

(1) MERLIN, V° Devoirs de loi, § 1.
(2) MERLIN, Répert., V° Nantissement.
(3) Ibid., § 2, art. 1.

L'édit de juin 1771 et la déclaration de juin 1772 abolirent l'usage des saisines pour acquérir hypothèque ; toutefois cette formalité subsista pour les actes d'aliénation jusqu'à la destruction des justices seigneuriales, qui eut lieu en 1789.

7. A côté des coutumes de nantissement, il existait dans notre ancien droit des coutumes où l'appropriance était en usage. L'appropriement, qui était observé en Bretagne, consistait dans trois publications ou bannies que devait faire le nouveau possesseur, tant de son contrat que de sa prise de possession, par trois dimanches consécutifs, après l'issue de la grand'messe, dans la paroisse où étaient situés les biens acquis. — Comme le fait très bien remarquer M. Troplong, « l'appropriance différait du nantissement, en ce que le vest et le devest étaient un élément essentiel de la vente, tandis que l'appropriance était une procédure postérieure à la vente ; mais elle s'en rapprochait, en ce qu'elle avait en vue la consolidation de la propriété entre les mains du possesseur, de même que le nantissement ; seulement elle produisait des effets plus complets, puisqu'elle avait force de prescription contre les droits réels qui ne s'étaient pas montrés (1). »

8. Nous avons vu quelles étaient les conditions nécessaires à la transmission de la propriété, dans les coutumes de nantissement et d'appropriance. Il est temps d'étudier le droit commun en France.

Pothier, dans son *Traité de la vente*, n° 319, s'exprime ainsi sur le point qui nous occupe :

« Lorsque le vendeur est propriétaire de la chose vendue et capable de l'aliéner, ou s'il ne l'est pas lorsqu'il a le con-

(1) De la Transcription, n° 3.

sentement du propriétaire, l'effet de la tradition est de faire passer en la personne de l'acheteur, la propriété de la chose vendue, pourvu que l'acheteur en ait payé le prix, ou que le vendeur ait suivi sa foi. Le contrat de vente ne peut pas produire par lui-même cet effet. Les contrats ne peuvent que former des engagements personnels entre les contractants; ce n'est que la tradition faite en conséquence du contrat qui peut transférer la propriété de la chose qui fait l'objet du contrat. »

Ce principe, qui exigeait la tradition comme condition nécessaire de la mutation de propriété, fut combattu par les publicistes du XVIe siècle (1); mais leurs efforts n'eurent pas de succès; la règle que le simple consentement suffit pour transmettre la propriété entre les parties ne devait triompher qu'avec le Code Napoléon.

Néanmoins elle ne fut pas admise, on arriva aux mêmes résultats au moyen des traditions feintes.

Pothier, dans son *Traité de la vente*, n° 314, explique que par la clause de constitut, l'acheteur est censé comme prendre possession de la chose vendue par le ministère du vendeur, qui, dès lors, ne la possède plus en son nom, mais la tient au nom de l'acheteur.

Il ajoute plus loin : « Dans notre coutume d'Orléans, la simple clause de dessaisine saisine, qui s'insère dans les actes qui se passent par-devant notaire, a le même effet que la précédente, et équipole à tradition, suivant l'art. 278. »

Le système des traditions feintes, en se généralisant, eut pour conséquences de rendre secrètes les mutations de pro-

---

(1) *Voy.* GROTIUS, liv. II, chap. XV, n° 15. — HUBERUS, *Digression*, liv. IV, chap. VIII et suiv.

priété. Cette clandestinité des transmissions de propriété et
des constitutions d'hypothèques avait de nombreux inconvénients. Nous ne parlerons pas des tentatives qui furent
faites pour inaugurer un système de publicité; l'on sait que
le célèbre édit de mars 1673 fut abrogé par l'édit d'avril 1674.
— Le récit de ces essais sortirait d'ailleurs des limites de
notre travail.

9. Jusqu'à ce moment l'histoire des mutations à titre onéreux nous a seule occupé; disons quelques mots des donations. Sous l'empire du Code Napoléon, les donations doivent
être transcrites. Mais dans l'ancien droit, l'insinuation sup-
pléait à la transcription, qui n'a été introduite dans notre
législation que par la loi du 11 brumaire an VII.

L'insinuation avait été créée en droit romain pour protéger
les créanciers, bannir le secret si capable de favoriser des donations immenses et de honteuses prodigalités, et éviter les
artifices par lesquels on portait facilement les faibles à se dé-
faire de leurs biens (1).

Cette formalité passa dans notre ancienne jurisprudence,
et fut définitivement réglée par l'ordonnance de 1731.

L'insinuation consistait bien, comme la transcription, dans
la copie de l'acte de donation sur les registres publics; mais
elle en différait sous plusieurs rapports.

1° L'insinuation s'appliquait à toute espèce de donations
mobilières ou immobilières (2); la transcription n'est exigée
que pour les biens susceptibles d'hypothèque.

(1) Voy. M. Troplong, *Donations et Testaments*, n° 1147.
(2) A l'exception de celles faites par contrat de mariage en ligne
directe.

2° Le défaut d'insinuation, dans le délai fixé par les ordonnances, emportait nullité de la donation. — La transcription, au contraire, n'est soumise à aucun délai, et aucune peine de nullité n'est attachée au défaut de transcription.

3° L'insinuation, lorsqu'elle était faite dans le temps prescrit, avait des effets rétroactifs qui remontaient au jour du contrat. — La transcription n'est opposable aux tiers que du moment de son accomplissement.

10. Tel était l'état de la législation au moment de la révolution française. La réforme du système hypothécaire, quoique désirée par tout le monde, ne pouvait être l'œuvre des premiers jours.

Le décret du 19 septembre 1790, en abolissant les formalités de saisine, dessaisine, etc., et généralement toutes celles qui tenaient au nantissement féodal ou censuel, disposait qu'à l'avenir la transcription des grosses des contrats d'aliénation ou d'hypothèque, par les greffiers des tribunaux de district, tiendrait lieu de ces formalités, et suffirait, en conséquence, pour consommer les aliénations et les constitutions d'hypothèques.

La loi du 9 messidor an III et, après elle, celle du 11 brumaire an VII, mirent fin aux dispositions du décret du 19 septembre 1790.

L'art. 26 de la loi de brumaire an VII portait : « Les actes translatifs de biens et droits susceptibles d'hypothèque, doivent être transcrits sur les registres du bureau de la conservation des hypothèques dans l'arrondissement duquel les biens sont situés. Jusque-là, ils ne peuvent être opposés aux tiers qui auraient contracté avec le vendeur et qui se seraient conformés aux dispositions de la présente. »

Cette loi avait donc adopté les principes des pays de nantissement ; entre deux acquéreurs, c'était celui qui avait fait transcrire le premier qui devait l'emporter.

11. Lorsque le Code Napoléon eut été promulgué, l'on se demanda si la transcription était nécessaire pour transférer la propriété vis-à-vis des tiers. La jurisprudence décida que le simple consentement suffisait pour opérer la mutation vis-à-vis de tout le monde. Ainsi, entre deux acquéreurs, c'était celui qui avait acheté le premier qui triomphait.

La transcription ne fut plus conservée que comme formalité préalable à la purge du privilége ou de l'hypothèque.

Ce principe, que le simple consentement transférait la propriété, même vis-à-vis des tiers, semblait, du reste, manquer de logique, lorsqu'on voyait que la loi avait maintenu la publicité de l'hypothèque et la nécessité de la transcription pour les donations et substitutions.

12. Le Code de procédure vint apporter quelques modifications au système du Code Napoléon, en ce qui concernait l'inscription du privilége et de l'hypothèque.

D'après le Code civil, tout créancier, ayant privilége ou hypothèque sur un immeuble, qui ne les avait pas fait inscrire avant la vente, perdait son droit de suite sur la chose hypothéquée, qui passait libre entre les mains de l'acquéreur.

L'art. 834, C. pr. civ., permit à ces créanciers de prendre inscription postérieurement à l'acte translatif de propriété, mais au plus tard dans la quinzaine de la transcription de cet acte.

Il résultait de la rubrique des art. 834 et 835 que ces articles n'étaient applicables qu'à une aliénation volontaire. Ajoutons qu'il fallait que la vente fût postérieure au Code de procédure, pour qu'on pût les invoquer.

13. Pendant que la transcription disparaissait ainsi de nos lois, les nations voisines s'appropriaient cette formalité, et lui donnaient beaucoup plus d'étendue qu'elle n'en avait sous la loi de brumaire an VII. A peine était-elle abolie que nos jurisconsultes et nos publicistes les plus célèbres s'accordaient tous pour demander son rétablissement. Enfin, en 1841, le gouvernement songea à réaliser le vœu exprimé depuis longtemps par les légistes pour la réforme hypothécaire. Le garde des sceaux voulut entourer le projet de loi des lumières des corps judiciaires et des Facultés de droit. Les résultats de cette vaste enquête ont été recueillis et publiés sous le titre de : *Documents relatifs au régime hypothécaire.* Toutes les opinions, à quelques exceptions près, ont demandé le rétablissement du principe de la loi de brumaire an VII. Différentes circonstances ont empêché la réalisation de ce projet (1) jusqu'à l'année 1855, dans laquelle le gouvernement impérial a eu l'honneur de promulguer la loi du 23 mars 1855, sur la transcription en matière hypothécaire.

14. Nous n'avons pas l'intention de comprendre dans notre travail l'explication de toute cette loi. Nous nous proposons seulement d'examiner les principales difficultés que présente l'étude de la transcription des actes entre vifs, à titre onéreux, translatifs de propriété immobilière ou de droits réels susceptibles d'hypothèque.

(1) L'Assemblée nationale, en 1850 et en 1851, avait commencé la discussion du projet de réforme hypothécaire.

4

Dans ce but, nous commenterons sommairement les articles 1, 3, 4 de la loi de 1855.

15. Mais avant d'entrer en matière, il est nécessaire de présenter quelques observations pour circonscrire notre sujet.

Une première remarque qui se présente naturellement à l'esprit, c'est que la loi de 1855 ne soumet à la transcription que les actes entre vifs. Ainsi, les mutations par successions et par testaments, échappent à cette formalité. C'est ce qui résulte notamment de l'article 1er, qui dit qu'on doit transcrire « tout acte entre vifs, » etc.

Si nous recherchons quel est le motif de cette dispense de la transcription à l'égard des successions *ab intestat,* nous voyons que M. Persil, rapporteur de la commission nommée en 1840 pour étudier les reformes du système hypothécaire, s'exprimait ainsi : « La conviction que, sans la publicité de toutes les mutations, de tous les établissements de propriétés immobilières, de quelque source qu'ils viussent, il n'y avait pas à compter sur le développement du crédit, nous aurait amenés à étendre l'obligation de la transcription jusqu'aux successions *ab intestat,* si cela avait été possible ; mais le premier élément de cette formalité nous manquait. Nous n'avions pas d'acte à soumettre à la transcription. »

La succession a, d'ailleurs, toujours été considérée, en France, comme opérant une dévolution de plein droit. L'on ne pouvait pas soumettre à une sorte d'investiture l'héritier *ab intestat,* sans porter atteinte à ce grand principe de notre droit : le mort saisit le vif.

La question de savoir si les testaments devaient être transcrits offrait plus de difficultés. Cependant le législateur de 1855 s'est décidé à les exempter de cette nécessité.

« Le légataire, a-t-on dit, n'est pas partie au testament, comme l'acquéreur à la vente. Il peut ignorer l'existence du legs. — Doit-on laisser le légataire à la merci de l'héritier, et autorisera-t-on celui-ci à aliéner valablement les immeubles de la succession et à dépouiller le légataire? Cela n'est pas possible. Le droit du légataire est sacré, puisqu'il résulte de la volonté d'un mourant. »

Les tiers seront d'ailleurs avertis par le décès du testateur, qui est un fait public et notoire. Ils ne pourront donc pas être trompés. Enfin la loi sur les successions fractionne tellement les patrimoines, que les registres des conservateurs ne suffiraient plus pour recevoir les transcriptions ou les inscriptions qui les encombreraient (1).

16. La loi de 1855 dispense aussi de la transcription les actes purement déclaratifs de propriétés.

Les actes de partage et les adjudications sur licitation ne seront donc pas transcrits.

« L'un des principaux objets de la transcription, disait le rapporteur de la commission de 1849, est d'avertir les tiers que la propriété a changé de mains et qu'ils ne peuvent plus contracter avec l'ancien propriétaire. Mais ceux qui contractent avec un co-héritier avant le partage, savent parfaitement que les droits qu'ils tiennent de lui sont conditionnels et dépendent de l'évènement du partage; et ceux qui contractent après le partage, ont soin de se faire représenter cet acte. »

La transcription ne pourrait d'ailleurs être utile qu'au créancier de l'un des co-héritiers, et dans le cas où ce créancier

---

(1) Ces deux dernières raisons s'appliquent aussi aux successions *ab intestat.*

aurait pris inscription avant que le partage eût été transcrit. Mais ce créancier trouve dans l'article 882, C. Nap., un moyen suffisant de sauvegarder ses droits, sans qu'il soit nécessaire d'exiger que le partage soit transcrit.

Il faut conclure de ce qui précède, que tous les actes ou jugements qui ne font que reconnaître ou déclarer l'existence d'un droit de propriété ne seront pas assujettis à la transcription.

17. Cette formalité ne s'applique qu'aux immeubles. C'est ce qui résulte des articles 1 et 2 de la loi de 1855 (1).

Cette dispense de transcription repose sur l'impossibilité de constater à l'égard des tiers les transmissions de meubles dont l'assiette n'est pas fixe, et sur la difficulté de reconnaître et de désigner les objets mobiliers.

Si la nature même de notre travail ne nous imposait pas des limites très étroites, nous aurions à rechercher successivement quels objets sont immeubles, et, par suite, nous verrions quelles mutations doivent être transcrites. Mais le cadre restreint d'une thèse nous oblige à ne présenter que des observations très courtes sur ce point.

Le principe que les transmissions d'immeubles sont seules assujetties à la transcription, amène cette conséquence que les transports d'actions ou d'intérêts dans une société, les ventes de coupes de bois ou de maisons pour être démolies, ne seront pas soumises à cette formalité.

L'acte entre vifs contenant transmission d'une mine devrait être transcrit. Il en serait autrement de la vente des ma-

_____

(1) *Voy.* toutefois l'article 1069, C. Nap., et l'article 2 de la loi de 1855 n° 5.

tières extraites, qui ne constituent pas une propriété immobilière.

La loi du 21 avril 1810 n'a pas fait des minières et carrières une propriété distincte de la propriété de la surface. Il faut en conclure que la cession moyennant un prix unique, du droit d'exploiter une carrière, ne serait pas soumise à la transcription.

Jusqu'à ce moment, nous n'avons parlé que des immeubles réels; il ne faut pas croire cependant que les mutations d'immeubles fictifs soient exemptes de la transcription. Ainsi les transmissions entre vifs de rentes sur l'état, d'actions de la Banque de France, du Canal du Midi, des canaux d'Orléans et du Loing, quand elles auront été immobilisées, seront assujetties à cette formalité.

CHAPITRE 1er.

Des formes de la transcription et des personnes qui doivent la faire opérer.

SECTION 1re.

Des formes de la Transcription.

18. La transcription a aujourd'hui un double but, la consolidation de la propriété et la purge des hypothèques ou priviléges.

Nous ne devons ici étudier la transcription que comme moyen de consolidation de la propriété ou des droits réels susceptibles d'hypothèque.

19. Pour que cette formalité atteignît le but qu'il se proposait, le législateur devait se demander s'il se contenterait d'un simple extrait de l'acte qu'on voulait transcrire, ou s'il exigerait sa reproduction en entier.

M. Adolphe de Belleyme, dans son rapport au Corps législatif, expliquait ainsi les motifs qui ont fait adopter la nécessité de la copie intégrale du titre :

« L'art. 3 du projet primitif, disait-il, introduisait un nouveau mode de transcription ; il se composait du dépôt de la copie de l'acte transcrit, et de l'inscription par extrait sur le registre du conservateur. Cette double formalité produisait une complication, sans amener une économie de temps ; elle remplaçait la copie littérale du titre par un simple extrait, qui n'offrait ni les mêmes garanties, ni les mêmes avantages ; enfin la transcription n'était pas mentionnée sur l'original du titre. A ces divers points de vue, elle offrait des inconvénients et des dangers. »

Par conséquent le mode de transcription suivi sous la loi de brumaire et sous l'empire du Code Napoléon continuera a être adopté, et l'on devra reproduire intégralement le titre transcrit.

20. Cependant, si une personne présentait au conservateur un simple extrait, ce fonctionnaire pourrait-il refuser de le transcrire ?

M. Flandin (1) pense que s'il obéissait à une réquisition faite dans de semblables circonstances, il s'exposerait à une action en dommages-intérêts, et il cite à l'appui de son opinion les instructions de la régie, qui interdisent aux conservateurs de se contenter d'extraits analytiques.

M. Sellier, au contraire (2), croit que ce fonctionnaire serait obligé de transcrire l'acte qui lui serait présenté.

Nous nous rangerions à ce dernier avis, qui nous semble la conséquence de l'art. 2199, C. Nap., d'après lequel le conservateur n'est pas juge de la régularité de l'acte qui lui est présenté, et ne peut, sous aucun prétexte, retarder la transcription des actes de mutation.

Mais la transcription d'un semblable extrait serait-elle nulle ?

Cette question rentre dans l'examen des irrégularités ou

(1) *De la Transcription*, n° 775.
(2) *Commentaire*, n° 148.

des omissions qui, en général, pourraient vicier la transcription.

Les auteurs s'accordent pour reconnaître que l'on doit appliquer en cette matière les principes qui ont triomphé lorsqu'il s'agit des inscriptions hypothécaires, et qu'ainsi l'on n'annulera une transcription irrégulière qu'autant que les tiers auront pu être induits en erreur et éprouver un préjudice. — MM. Rivière et Huguet (1) disent avec raison : « Le but de la transcription étant d'avertir les tiers créanciers ou acquéreurs des mutations de la propriété immobilière et des démembrements ou charges qui peuvent en altérer la valeur, dès que l'irrégularité sera un obstacle à ce que ce but soit rempli, les juges devront considérer la transcription comme non effectuée. Mais ils la regarderont, au contraire, comme efficace, si, malgré l'omission, les tiers ont pu être suffisamment renseignés. » La question que nous nous sommes posée se résoudra dès lors facilement à l'aide de ces principes.

Les irrégularités qui existent dans une transcription pourront d'ailleurs être rectifiées sans l'intervention de la justice, mais cette rectification n'aura d'effets que pour l'avenir.

24. La transcription n'est pas soumise à des délais lorsqu'on l'envisage comme moyen de consolidation de la propriété (2). Elle pourra donc toujours être effectuée, sauf à ne produire d'effets qu'à sa date. La transcription faite un jour férié ne sera pas nulle, mais elle ne pourra être opposée aux tiers qu'à partir du lendemain, parce qu'il n'appartient pas au

(1) *Questions sur la Transcription*, n° 251.
(2) Il en est différemment pour la conservation des priviléges. (*Voy.* art. 6.)

conservateur de favoriser une personne au préjudice d'une autre.

22. En principe, la transcription est la reproduction intégrale du titre. Ainsi, les différentes clauses d'un contrat ne doivent pas être séparées.

Cependant, lorsque dans un même acte il y a plusieurs conventions distinctes, on peut faire transcrire les unes en négligeant les autres.

23. Lorsqu'un acte comprend à la fois des immeubles et des meubles, s'il peut être scindé sans inconvénient, on pourra ne présenter à la transcription que la partie de l'acte concernant les immeubles.

24. Les actes purement déclaratifs, tels que les liquidations et les partages, sont dispensés de la transcription. Mais il peut arriver qu'ils renferment des stipulations sujettes à cette formalité; dans ce cas, elles seront seules présentées au conservateur. C'est l'observation qui fut faite par M. Duclos, lors de la discussion du projet de loi. Cet honorable député demanda qu'il fût bien entendu que la loi ne repousse pas un usage jusqu'ici établi et qui consiste, lorsqu'un acte contient des conventions de diverse nature, à ne transcrire que celles des conventions qui concernent la transmission d'un droit immobilier.

M. Troplong (n° 125) fait remarquer avec raison : « que cette règle trouve une application importante lorsqu'un contrat de mariage contient un article assujetti à la publicité. » — Plus loin, il ajoute : « Il y a dans un contrat de mariage des clauses qui se distinguent facilement les unes des autres, celles-ci, exemptes de transcription par leur nature, celles-là pouvant y donner lieu. Le choix sera facile, etc. »

Dans la pratique, une vente sur adjudication contient souvent plusieurs lots. Il y a alors autant de lots séparés que d'objets mis en vente. Chaque adjudicataire n'est donc tenu de faire transcrire que la partie du procès-verbal qui concerne son lot.

25. Nous pensons aussi, contrairement à l'avis de M. Flandin (1), mais conformément à celui de M. Troplong (2), que les mêmes principes doivent s'appliquer à un acte de vente ordinaire, dans lequel divers immeubles indépendants les uns des autres sont vendus pour des prix différents à une seule ou plusieurs personnes. Nous ne voyons pas de raisons décisives pour que l'on n'applique pas à la vente ordinaire les règles que nous avons exposées pour l'adjudication.

26. On s'est demandé s'il est nécessaire de faire transcrire la procuration en vertu de laquelle une vente aura été faite. Mais il suffit que le mandat soit énoncé dans l'acte de mutation pour que les tiers soient avertis de ce qui les intéresse.

27. Lorsqu'un tuteur aliènera les biens de son pupille, l'on n'aura besoin de transcrire ni la délibération qui a nommé le tuteur, ni la délibération et le jugement qui ont autorisé la vente.

Quand une vente est consentie par une femme mariée, l'on ne sera pas obligé de livrer à la publicité l'autorisation accordée séparément par le mari ou par la justice.

(1) No 777.
(2) Priv. et Hyp., t. 4, no 911.

La loi de 1855 n'exige pas la transcription de tous ces actes accessoires.

28. Dans une vente faite par l'entremise d'un gérant d'affaires, doit-on faire transcrire la ratification donnée par le maître ?

Il faut distinguer : lorsque c'est au nom de l'acquéreur qu'à agi le *negotiorum gestor*, il est inutile de faire transcrire la ratification, parce que celle-ci n'est pas le fait générateur de la mutation, mais l'accomplissement de la condition qui fait remonter cette transmission à l'acte primitif dont la ratification n'est que le complément ; lorsque c'est au nom du vendeur que s'est présenté le gérant d'affaires, l'acte de ratification devra être livré à la publicité, parce que c'est lui, en réalité, qui opère la mutation.

29. Supposons qu'un incapable, un mineur, par exemple, vende un immeuble sans observer les formalités légales. L'acte par lequel, devenu majeur, il renoncera à l'action en nullité qui lui appartient, devra-t-il être reproduit sur les registres du conservateur? Un pareil contrat de vente n'est atteint que d'une nullité relative, à laquelle le mineur peut renoncer. Le vice qui le frappe n'empêche pas la mutation de propriété, qui restera définitive si l'acte n'est pas attaqué. La ratification ne devra donc pas être transcrite, puisqu'elle ne transfère pas la propriété. Ajoutons qu'elle n'est pas soumise à la formalité, comme renonciation.

30. L'on a agité la question de savoir si l'acte d'échange qui contient en réalité deux ventes réciproques peut être scindé, quand un seul des co-permutants veut en faire opérer la transcription dans son intérêt particulier.

Nous aurions beaucoup de peine à admettre l'opinion de Grenier (1) qui adopte l'affirmative, parce que l'acte nous semble indivisible. Cependant si la formalité avait été ainsi accomplie, avant de prononcer la nullité il faudrait examiner si les tiers ont pu éprouver un préjudice.

31. Mais une double transcription sur la tête des deux co-permutants n'est pas exigée par la loi.

32. Nous venons d'examiner dans quel sens l'on doit comprendre le principe que la transcription est la reproduction intégrale du titre. Voyons quelles pièces l'on doit présenter au conservateur, pour opérer la transcription. L'article 2148, C. Nap., dispose que pour opérer l'inscription, le créancier représente soit par lui-même, soit par un tiers, au conservateur des hypothèques, l'original en brevet ou une expédition authentique du jugement ou de l'acte qui donne naissance au privilége et à l'hypothèque.

Les auteurs appliquent cet article à la transcription, et dé-décident que la représentation du titre est nécessaire. La loi, en exigeant la production de l'acte, a voulu prévenir les transcriptions sans cause. Une copie même complète ne suffirait donc pas. Mais si le conservateur avait accompli la formalité sur une copie exacte, on ne pourrait demander la nullité, parce que personne n'éprouverait de préjudice.

33. L'article 2200, C. Nap., prescrit aux conservateurs d'avoir un registre sur lequel ils inscriront jour par jour et par ordre numérique, les remises qui leur seront faites d'actes de mutation pour être transcrits, ou de bordereaux pour être ins-

(1) *Hyp.* t. 2. pag. 369.

crits ; ils donneront au requérant une reconnaissance sur papier timbré, qui rappellera le numéro du registre sur lequel la remise aura été inscrite, et ils ne pourront transcrire les actes de mutation, ni inscrire les bordereaux sur les registres à ce destinés, qu'à la date et dans l'ordre des remises qui leur en auront été faites.

Cet article doit encore être appliqué dans toutes ses dispositions.

34. La Cour d'Agen, le 5 mai 1858, a jugé avec raison que l'article 2154, qui exige le renouvellement de l'inscription, ne s'applique pas à la transcription, et que la loi de 1855 ne contient aucune exigence semblable. — Cet arrêt nous semble devoir être suivi.

35. Les auteurs (1) font remarquer que rien ne s'oppose à ce qu'on applique à la transcription, lorsque le cas le requiert, les dispositions du Code relatives à la radiation des inscriptions.

36. Pour terminer l'étude des formes de la transcription, il nous reste à rechercher dans quel bureau cette formalité doit être accomplie.

L'article 1er de la loi de 1855, dispose formellement que c'est au bureau de la situation des biens qu'elle s'effectue.

Lorsqu'il s'agit d'immeubles réels, aucune difficulté ne peut s'élever. S'ils s'étendaient dans plusieurs arrondissements, on devrait transcrire dans chacun des bureaux dont ils dépendraient.

Lorsqu'on se trouve en présence d'actions immobilisées de

(1) *Voy.* M. FLANDIN, n° 804.

la Banque de France, du canal du Midi, des canaux d'Orléans et du Loing, de rentes sur l'État immobilisées, c'est à Paris que s'opèrent les transferts, et que, par suite, la transcription doit être accomplie.

Lorsqu'il s'agira de cessions d'actions immobilières, on transcrira au bureau de la situation des biens que ces actions ont pour objet.

SECTION II.

Des personnes qui doivent veiller à l'accomplissement de la Transcription.

37. La loi du 23 mars 1855 est muette sur les personnes qui sont chargées de rendre publics les actes de mutation.

Les auteurs appliquent ici les principes consacrés par le Code au titre des Donations, sauf les modifications nécessaires.

38. Lorsque les contrats, qui doivent être transcrits, ont été passés entre personnes capables et maîtresses de leurs droits, aucune difficulté ne peut s'élever.

Les parties intéressées pourvoiront elles-mêmes à la conservation de leurs droits. Ainsi, l'acquéreur aura intérêt à faire effectuer cette formalité pour consolider la propriété sur sa tête. Le vendeur lui-même devra veiller à son accomplissement, s'il veut conserver son privilège.

39. Mais lorsque des ventes seront consenties à des incapables, tels que des mineurs, interdits, femmes mariées, établissements publics, leurs tuteurs, curateurs, maris ou administrateurs devront faire opérer la transcription.

Les incapables eux-mêmes pourraient d'ailleurs exécuter une mesure qui n'est que conservatoire.

40. On s'est demandé si le mandataire chargé d'acheter est tenu de rendre public l'acte d'acquisition.

Il faut répondre, avec MM. Rivière et Huguet (1), « que la transcription est une formalité tout à fait distincte de la vente. » Ils ajoutent plus loin : « On ne peut pas dire que le mandataire n'a rempli qu'une partie de son mandat en ne la faisant pas opérer : la propriété est en effet transmise au mandant par suite de l'acquisition qu'il a faite ; la tâche du mandataire est remplie. »

41. Mais si la procuration, outre le mandat d'acheter, renfermait d'une manière expresse le mandat de payer, il faudrait donner une solution contraire (2). L'on comprend qu'alors le mandataire est tenu de prendre toutes les précautions pour que le payement soit valable, et l'on sait qu'aujourd'hui il serait imprudent de payer avant la transcription. Il doit donc faire transcrire.

42. Mais le notaire qui a reçu l'acte, l'avoué qui a obtenu le jugement ne sont pas tenus de leur donner la publicité. D'après la loi du 25 ventôse an XI (art. 1er), le notaire est chargé de donner le caractère d'authenticité aux actes. — La transcription est une formalité extrinsèque qui ne rentre pas dans ses attributions (3). — De son côté, l'avoué a le mandat de postuler pour les parties devant les tribunaux. Mais aucune loi ne l'oblige à faire transcrire les jugements qu'il obtient (4).

(1) No 159.
(2) Voy. encore MM. Rivière et Huguet, no 160.
(3) Voy. Arrêt du 4 juillet 1817.
(4) Voy. pourtant l'art. 4 de la loi de 1855.

43. Lorsqu'on examine quelle peut être la responsabilité des personnes chargées de donner la publicité aux actes consentis par autrui, l'on décide qu'en principe elles sont tenues de réparer le préjudice causé par leur faute. — L'on ne restituerait pas d'ailleurs les incapables contre le défaut de transcription, quand même leurs représentants seraient insolvables. (*Voy.* les art. 942 et 1070, C. Nap.)

44. Nous connaissons le principe en matière de responsabilité des personnes chargées de faire transcrire; ajoutons que le mari devrait réparer le préjudice causé par l'absence de transcription, quand même il ne serait point l'administrateur des biens de sa femme. Mais si l'épouse se fait autoriser par la justice, à défaut du mari, celui-ci ne serait pas responsable de l'inexécution de la formalité.

En ce qui concerne le tuteur, il devrait, suivant nous, publier la vente quand même il serait partie au contrat.

CHAPITRE II.

Quels sont les actes ou jugements qui doivent être transcrits?

45. L'art. 1er de la loi de 1855 est ainsi conçu :

« Sont transcrits au bureau des hypothèques de la situation des biens : 1° tout acte entre vifs translatif de propriété immobilière ou de droits réels susceptibles d'hypothèque;

» 2° Tout acte portant renonciation à ces mêmes droits;

» 3° Tout jugement qui déclare l'existence d'une convention verbale de la nature ci-dessus exprimée ;

» 4° Tout jugement d'adjudication autre que celui sur licitation au profit d'un cohéritier ou d'un copartageant. »

L'art. 4 s'exprime ainsi :

« Tout jugement prononçant la résolution, nullité ou rescision d'un acte transcrit, doit dans le mois, à dater du jour où il a acquis l'autorité de la chose jugée, être mentionné en marge de la transcription faite sur le registre. L'avoué qui a obtenu ce jugement est tenu, sous peine de cent francs d'amende, de faire opérer cette mention, en remettant un bordereau rédigé et signé par lui au conservateur, qui lui en donne récépissé. »

Nous allons présenter l'explication de ces deux articles dans les sections suivantes :

SECTION 1re.

De la Transcription des actes entre vifs à titre onéreux, translatifs de propriété immobilière ou de droits réels susceptibles d'hypothèque.

46. L'un des actes les plus importants que la loi de 1855 ait voulu atteindre est certainement la vente. — Cette loi n'altère pas le principe du Code Napoléon « qu'entre les parties le simple consentement suffit pour transférer la propriété. » Mais à l'égard des tiers la transcription devient indispensable pour opérer la mutation.

47. Cependant l'on ne devra pas rendre publique la vente, lorsqu'elle n'aura pas le caractère translatif.

5

Ainsi, toutes les fois qu'une vente aura pour conséquence de faire cesser l'indivision entre cohéritiers, elle équivaudra à un partage et ne devra pas être transcrite.

48. Lorsqu'on se trouve en présence d'une promesse de vente, il faut examiner si elle amène un déplacement de propriété.

Si elle se produit sous la forme d'une pollicitation, elle échappera à la formalité qui nous occupe.

L'on doit aussi exempter de la transcription la promesse unilatérale. Car le contrat de vente, dans cette hypothèse, ne se forme qu'au moment où l'acquéreur fait connaître son acceptation.

En ce qui touche la promesse synallagmatique, il faut distinguer entre la promesse de vente actuelle qui opère immédiatement une mutation, et la promesse de vente *in futurum* qui ne donne naissance qu'à une obligation de faire. — Dans le premier cas, seulement, la transcription devra avoir lieu.

49. Pothier, dans son *Contrat de vente*, n° 498, s'exprime ainsi sur les ventes accompagnées d'arrhes : « Il y a, dit-il, deux espèces d'arrhes ; les unes qui se donnent lors d'un contrat seulement projeté ; les autres qui se donnent après le contrat de vente conclu et arrêté. » — Pour savoir si une vente avec des arrhes doit être présentée au conservateur, les juges auront à apprécier si la vente a été conclue ou seulement projetée.

50. La vente peut être soumise à une condition suspensive ou résolutoire ; la condition résolutoire n'empêche pas l'acquéreur de devenir propriétaire. Lorsque l'événement prévu par les parties n'est pas encore arrivé, l'acheteur a donc intérêt à rendre public son contrat.

Il résulte bien de l'art. 1182, C. Nap., que la condition suspensive est un obstacle à la mutation de propriété. Mais, d'après l'art. 1179, lorsqu'elle est accomplie, elle a un effet rétroactif au jour auquel l'engagement a été contracté. La transcription sera donc nécessaire pour que les tiers qui contractent avec le vendeur ne soient pas victimes de cette rétroactivité.

81. Il n'est pas douteux que la vente à terme ne soit, comme la vente pure et simple, soumise à la formalité.

82. On comprend que la vente verbale ne pourra pas être publiée, puisqu'il n'y a pas d'acte à présenter au conservateur. Mais l'on transcrirait la vente par correspondance, en rendant publiques les lettres qui la constatent.

83. Lorsqu'une vente est faite par mandataire, il n'est pas nécessaire de soumettre la procuration à la formalité. Mais lorsque dans une vente figure un *negotiorum gestor*, on s'est demandé si l'on devait attendre la ratification pour transcrire.

Il faut distinguer entre le cas où le *negotiorum gestor* s'est fait le mandataire officieux du vendeur, et celui où il a stipulé pour le compte de l'acquéreur.

Si c'est au nom de l'acquéreur qu'a agi le *negotiorum gestor*, celui-ci devra faire transcrire immédiatement le contrat, pour garantir l'acquéreur contre les droits que les tiers pourraient acquérir sur l'immeuble, du chef du vendeur.

Lorsque le *negotiorum gestor* agit au nom du vendeur, nous pensons, malgré des controverses, que la ratification n'aura pas d'effets rétroactifs, et, par suite, nous croyons que la transcription du contrat est inutile. Dans cette hypothèse, c'est en réalité l'acte appelé improprement ratification qui opère la mutation, et qui seul doit être publié.

84. La vente dont le prix est laissé à l'arbitrage d'un tiers est aussi une vente conditionnelle. Cette vente, d'après l'article 1592, est nulle si le tiers ne veut ou ne peut remplir sa mission; elle est valable lorsque l'estimation a eu lieu, et celle-ci rétroagit au jour du contrat. Les règles que nous avons exposées pour la vente faite sans condition suspensive seront donc applicables dans ce cas.

85. Les ventes alternatives sont des ventes subordonnées à l'option que fera le vendeur ou l'acheteur; mais elles n'en doivent pas moins être transcrites.

86. La vente, quoique frappée de nullité relative, opère une mutation. Il est possible d'ailleurs que les parties renoncent à se prévaloir de la nullité ou qu'elles laissent prescrire leurs actions.

Mais la vente qui serait infectée d'une nullité absolue ne devrait pas être publiée.

87. Lorsque la déclaration de command est faite d'une manière régulière, elle a pour conséquence de faire considérer le command élu comme ayant acquis directement du vendeur.

Il faut en conclure que s'il veut protéger son command contre les actes ultérieurs du vendeur, l'acquéreur sous faculté de command devra faire opérer la transcription. Le command, de son côté, aussitôt qu'il aura été élu, sera obligé de transcrire la déclaration, afin que l'acquéreur ne puisse pas transmettre de droits sur l'immeuble, postérieurement à son élection.

88. La vente de la propriété immobilière a fait jusqu'à ce moment l'objet seul de notre examen.

Mais la cession des droits réels susceptibles d'hypothèque, est aussi soumise à la transcription. Ainsi, la constitution à titre onéreux d'un droit d'usufruit et la concession d'un droit de superficie, tomberont aussi sous l'application de l'art. 1er de la loi du 23 mars 1855.

59. Il faut même dire que les cessions d'actions immobilières sont assujetties à la formalité qui nous occupe ; car elles donnent un droit éventuel aux immeubles qu'elles frappent : *Qui habet actionem ad rem recuperandam, ipsam rem habere videtur.*

60. Nous avons déjà dit que la cession qu'un cohéritier ferait à un étranger de ses droits dans une succession, devrait être livrée à la publicité. Il en serait de même du transport que ferait un vendeur, sous pacte de réméré, du droit de racheter l'immeuble qu'il a vendu.

61. Mais on ne devrait pas transcrire l'acte par lequel le vendeur transporterait à un tiers le prix de vente qui lui est dû, et par voie de conséquence le privilége et l'action résolutoire, parce que l'objet principal de la cession est un objet mobilier.

62. L'échange a un rapport intime avec la vente. Il est, comme celle-ci, un contrat translatif de propriété. Aussi, en principe, est-il assujetti à la publicité. Mais il échappera à la formalité quand il aura le caractère de partage, pourvu qu'il n'y ait pas de soulte consistant en valeurs étrangères.

63. La dation en payement équivaut à la vente, et doit, par suite, être transcrite.

Ainsi, lorsque le mari cède à sa femme, séparée ou non,

quelques-uns de ses immeubles en restitution de sa dot ou en payement de ses reprises, ou lorsque la femme cède des immeubles à son mari, en payement de la dot constituée, lorsqu'il y a exclusion de communauté, on devra rendre publique la dation en payement.

La femme qui a renoncé à la communauté agit comme créancière, lorsqu'elle exerce ses reprises tant sur les biens de son mari que sur ceux de la communauté. Elle devra faire transcrire.

64. La cession de biens volontaire sera également rendue publique quand elle aura pour conséquence de transférer la propriété des immeubles du débiteur à ses créanciers.

65. Notre ancienne jurisprudence a rejeté les principes du droit romain en ce qui concerne le partage, et, depuis longtemps, il est admis que cet acte n'est que déclaratif de propriété. — Il résulte de cette règle qu'il échappera à la formalité. Mais la question de savoir quels actes doivent être assimilés au partage, présente souvent des difficultés. Il faut dire en principe que tout acte à titre onéreux, dont l'effet est de faire cesser l'indivision vis-à-vis de tous les cohéritiers, équivaut au partage.

66. L'on doit même reconnaître que l'acte qui ferait cesser l'indivision vis-à-vis de tous les cohéritiers, à l'égard d'un seul objet héréditaire, serait exempt de la transcription. Mais il en serait autrement si deux ou plusieurs cohéritiers s'étaient rendus adjudicataires de l'immeuble.

67. La vente d'un immeuble héréditaire qui serait consentie à l'amiable au profit de l'un des cohéritiers par tous ses autres cohéritiers, est un véritable partage.

68. Lorsqu'il n'y a que deux cohéritiers, l'acte par lequel l'un d'eux vend à l'autre sa part dans la succession ne devrait pas être publié, pourvu que la cession eût lieu à titre onéreux.

69. Lorsqu'il y a plus de deux cohéritiers, la vente que ferait l'un d'eux de sa part héréditaire à un de ses copartageants, n'aurait pas le caractère de partage, puisqu'elle ne ferait pas cesser l'indivision. Mais l'on ne devrait pas présenter au conservateur l'acte par lequel un cohéritier déjà acquéreur de l'une des parts héréditaires indivises, deviendrait propriétaire de toutes les autres.

70. Telles sont les règles qui régissent les ventes de droits successifs faites entre cohéritiers. Quand la vente a lieu au profit d'un étranger, il n'est pas douteux qu'elle ne doive être transcrite.

71. Lorsqu'un étranger, après avoir acquis la part d'un des cohéritiers ou copartageants, achète les portions des autres, la question de savoir si cet acte équivaut à un partage a fait naître des controverses (1). Mais il faut répondre que la loi n'exige pas que le copartageant soit propriétaire à titre successif; il suffit que l'acte fasse cesser l'indivision. Le cessionnaire est d'ailleurs mis aux lieu et place du cédant. — La transcription sera donc inutile dans ce cas.

72. Quand un usufruit et une nue-propriété existent sur un objet, l'on ne peut pas dire que l'usufruitier et le nu-propriétaire sont en état d'indivision, et que la cession faite par l'usufruitier au nu-propriétaire équivaut à un partage.

(1) Voy. M. FLANDIN, Transcription, nº 208.

Mais si l'usufruit n'embrassait pas la totalité de l'objet, l'acte par lequel on déterminerait les biens sur lesquels l'usufruit devrait reposer, aurait pour résultat de faire cesser l'indivision et constituerait un partage.

73. On considère généralement la société commerciale et même la société civile comme un être moral distinct des associés.

Il faudra donc transcrire l'acte de société dans lequel des apports immobiliers sont stipulés. La formation seule de la société opère une translation de propriété qui doit être rendue publique.

Ajoutons que si l'apport social, au lieu d'avoir pour objet la propriété de l'immeuble, n'est relatif qu'à la jouissance; ce droit constitue un véritable usufruit, dont la transmission doit être constatée sur les registres du conservateur.

74. Si la société forme un être moral, il faut aussi reconnaître qu'à ce point de vue la communauté produit les mêmes effets.

75. Lorsque des époux se marient sous le régime de la communauté légale, les immeubles leur restent propres. Mais ils peuvent, conformément à l'art. 1505, faire tomber dans la communauté leurs immeubles présents ou futurs. C'est ce qu'on appelle la clause d'ameublissement.

On distingue trois espèces d'ameublissements : 1° l'ameublissement déterminé sans limitation de somme; 2° l'ameublissement déterminé jusqu'à concurrence d'une certaine somme; 3° l'ameublissement indéterminé.

L'ameublissement déterminé de la première espèce fait passer à la communauté la propriété des immeubles qu'il comprend. Malgré des controverses (1), nous croyons que l'on ne doit pas distinguer entre l'ameublissement qui émane de la femme et celui qui est fait par le mari. Nous pensons que, dans les deux hypothèses, cette clause amène une mutation, et que la transcription est nécessaire.

En ce qui concerne l'ameublissement indéterminé, il suffit que la communauté ait un droit de propriété éventuelle aux immeubles atteints par cette clause, pour qu'elle ait intérêt à faire transcrire. Or l'on sait que, d'après l'art. 1508, l'ameublissement indéterminé a pour effet d'obliger l'époux qui l'a consenti à comprendre dans la masse, lors de la dissolution de la communauté, quelques-uns des immeubles ameublis, jusqu'à concurrence de la somme par lui promise. La transcription est donc nécessaire. Il faut aussi reconnaître que l'ameublissement déterminé jusqu'à concurrence d'une certaine somme doit être publié.

76. Aux termes de l'art. 1435, C. Nap., pour que le remploi d'un bien propre à la femme soit valable, il ne suffit pas que l'acte d'acquisition constate que l'achat est fait avec les deniers de l'épouse et pour lui tenir lieu de remploi ; il faut encore son acceptation.

Quand elle intervient dans le contrat, il est évident qu'il y a une transmission de propriété au profit de la femme. Mais lorsque l'acceptation n'a lieu que plus tard, la déclaration du mari, qu'il achète au nom et pour le compte de sa femme, n'est qu'une offre qui n'entraîne pas de mutation. On devra donc rendre public l'acte de vente, pour protéger la femme et la communauté contre les actes ultérieurs du vendeur. Mais

(1) Voy. MM. Rivière et Huguet, n° 38.

Il sera nécessaire aussi de faire transcrire l'acceptation de la femme pour empêcher le mari de consentir des droits réels sur l'immeuble acquis en remploi.

Lorsque l'obligation de remploi a été imposée à l'époux par le contrat de mariage, la question de savoir si l'acceptation de la femme est nécessaire pour que l'immeuble acheté par le mari devienne sa propriété, est une question d'interprétation du contrat, qu'on devra résoudre pour savoir s'il y a lieu à transcription.

77. Nous n'avons maintenant que quelques mots à dire sur les prélèvements que les époux ou leurs héritiers opèrent à la dissolution de la communauté, pour compléter les observations que nous avons déjà faites à ce sujet.

Lorsque la femme accepte la communauté, les reprises qu'elle exerce sur les biens communs constituent un acte qui équivaut à partage; — lorsqu'elle est renonçante, nous avons vu qu'alors elle agissait comme créancière, et qu'il y a là une véritable dation en payement qui doit être transcrite.

M. Mourlon (1), en ce qui concerne le mari, fait observer qu'en aucun cas les prélèvements qu'il opère sur les biens de la communauté ne peuvent donner lieu à transcription. « De deux choses l'une, dit cet auteur, ou la femme accepte ou elle répudie la communauté. Si elle accepte, les reprises du mari constituant l'un des actes du partage, sont simplement déclaratives de propriété, comme le partage lui-même; si elle renonce, il ne saurait être question des reprises du mari, puisque la communauté lui appartient tout entière. »

78. Il n'est pas besoin de dire que la stipulation d'une com-

(1) Rev. prat., t. II, pag. 353, nº 47.

munauté universelle entre époux devrait être livrée à la publicité.

79. Mais les contrats de mariage n'entraînent pas seulement des mutations de propriété; ils amènent encore des constitutions d'usufruit. Dans cette dernière hypothèse, la transcription sera-t-elle nécessaire?

MM. Rivière et Huguet (1) répondent à cette question dans les termes suivants : « Quand les époux se marient, soit sous le régime de la communauté réduite aux acquêts, soit sous le régime exclusif de communauté, soit sous le régime dotal, la communauté dans le premier régime et le mari dans les deux autres acquièrent la jouissance des immeubles propres à la femme. Cette jouissance, sauf quelques règles particulières, est considérée en général, et avec juste raison, comme un véritable usufruit; d'où il nous semble résulter que le contrat de mariage, dans ces trois hypothèses, devra être soumis à la formalité, puisque, d'après les dispositions de la loi du 23 mars, tout acte entre vifs portant transmission d'usufruit doit être transcrit. »

M. Flandin (2) combat ce système en disant que pour qu'il y ait lieu à transcription, il faut que la mutation soit le résultat d'une convention. Nous admettons ce principe; mais nous croyons que quand les parties adoptent un régime où la loi crée un usufruit au profit de la communauté ou du mari, il y a une véritable convention qui doit être transcrite.

80. En règle générale, la transaction est un acte purement déclaratif. Aussi Dumoulin (3) disait-il : « *Clarum est quod*

(1) *Questions sur la Transcription*, n° 143.
(2) *De la Transcription*, n° 354.
(3) Sur la coutume de Paris, § 33, *Glos.* 1, n° 67.

nullum dominium transfertur nec novum jus, nec novus titulus adquiritur, sed sola liberatio controversiæ. » — Cependant ce principe ne pourrait être appliqué lorsque des droits qui ne formeraient pas l'objet de la contestation sur laquelle on a transigé, seraient cédés par l'un des contractants à l'autre comme prix des concessions faites par ce dernier. — L'on devrait transcrire la mutation de ces objets.

Merlin, dans son *Répertoire*, au mot *Partage* (1), appuie cette doctrine, d'ailleurs incontestable, de l'autorité de son nom. : « Si par la transaction, dit-il, l'une des parties abandonnait à l'autre un objet non litigieux, pour l'indemniser du sacrifice de ses prétentions sur les choses en litige, l'abandon de cet objet constituerait une mutation de propriété. »

81. Nous avons vu qu'en principe la transaction est simplement déclarative. Quand un droit réel immobilier est résolu, annulé ou rescindé par un jugement, on ne doit pas transcrire le jugement si l'acte qu'il annule ou résout a été transcrit. Mais, d'après l'article 4 de la loi du 23 mars 1855, l'avoué qui a obtenu le jugement doit le faire mentionner sur les registres du conservateur, en marge de la transcription de l'acte annulé ou résolu. — Quelques auteurs se sont demandé si la transaction qui annulerait ou résoudrait un acte transcrit devrait faire l'objet d'une mention. — Ils ont répondu que la loi ne l'exigeait pas, et qu'on ne pouvait suppléer à son silence.

82. Les renonciations translatives doivent être transcrites. Mais l'on ne saurait assimiler la transaction à ces renonciations.

(1) L. 11, nᵒ 5.

MM. Rivière et Huguet (n° 26) disent avec raison : « Autre chose est évidemment la transaction, autre chose est la renonciation. La transaction a toujours eu l'incertitude du droit pour l'un de ses caractères distinctifs. Dans la renonciation, le droit qu'on abandonne est certain, n'a rien de litigieux. » La transaction n'est donc pas comprise sous le terme de renonciation.

83. Mais si les contrats translatifs sont soumis à la transcription, les résolutions échappent-elles à cette formalité?

84. En droit, l'on distingue les résolutions qui ont une cause nécessaire des résolutions volontaires.— Les premières font considérer le contrat comme non avenu, et anéantissent les hypothèques constituées par le propriétaire sous condition résolutoire; les secondes laissent subsister le passé et n'ont d'effets que pour l'avenir.

Lorsque la résolution procède d'une cause nécessaire, le contrat étant censé n'avoir jamais existé, il n'y a pas de mutation, de rétrocession de propriété. Les biens sont censés avoir toujours résidé sur la tête de celui qui profite de la résolution.

Au contraire, les résolutions volontaires constituent une nouvelle transmission de propriété qui doit être transcrite.

85. Pour savoir si une résolution doit être publiée, il faut donc examiner si elle a une cause nécessaire ou si elle est volontaire. — Mais il ne faudrait pas croire que la résolution n'aura une cause nécessaire qu'autant qu'elle sera prononcée par jugement. Ainsi, il n'est pas douteux que la convention par laquelle l'acheteur qui ne pourrait pas payer s'obligerait envers le vendeur à résoudre le contrat, serait exempte de la formalité.

86. Lorsque la résolution est prononcée par jugement, l'article 4 impose à l'avoué qui l'a obtenue de faire opérer une mention sur les registres du conservateur, en marge de l'acte résolu. — Mais la loi n'a aucune exigence semblable pour la résolution opérée par une convention.

87. MM. Rivière et Huguet (n° 18) distinguent avec raison la résolution nécessaire d'un contrat translatif de la renonciation que ferait une personne des droits qu'elle tient de cet acte. L'intérêt de cette distinction vient de ce qu'à la différence de la résolution, la renonciation translative doit être transcrite. D'après ces auteurs, « on ne peut pas évidemment dire que l'acheteur qui vend l'immeuble parce qu'il est dans l'impossibilité de payer, renonce à son droit ; il ne fait pas plus dans l'espèce une renonciation que lorsqu'il est contraint par un jugement qui prononce la résolution. — Il est permis de dire qu'une personne renonce à son droit, quand elle en fait une abdication libre, volontaire, spontanée ; mais ici l'acheteur ne convient de résoudre la vente que pour éviter les frais d'un jugement qui le contraindra à déguerpir. » La renonciation est toujours volontaire ; la résolution, comme l'indique son nom, a une cause nécessaire, forcée, même quand elle a lieu par contrat.

88. Le rapport d'un immeuble donné en avancement d'hoirie ne doit pas être transcrit, à quelque point de vue qu'on se place. — L'immeuble échoit-il à un des cohéritiers ? c'est alors une conséquence du partage. Dira-t-on que c'est une résolution ? elle serait nécessaire. — L'immeuble tombe-t-il dans le lot du donataire ? il n'y a pas eu alors de mutation. (Art. 883.)

89. Dans notre droit l'on connait encore trois espèces de

retraits : le retrait successoral (art. 841); le retrait d'indivision (art. 1408), et le retrait litigieux (art. 1699).

90. Le retrait successoral doit-il être transcrit? Il faut répondre négativement. Ce retrait n'opère pas de mutation; il
ne fait que subroger la personne du retrayant à celle de l'a-
cheteur. — Il a d'ailleurs un effet rétroactif; les priviléges et
hypothèques consentis par l'acquéreur sont anéantis. — La
transcription est donc inutile. — Nous supposons que le retrait est consenti dans un acte. Nous nous occuperons plus tard
des jugements.

91. Le retrait litigieux est régi par les mêmes règles.

92. L'art. 1408 s'exprime ainsi sur le retrait d'indivision :
« L'acquisition faite pendant le mariage, à titre de licitation
ou autrement, de portion d'un immeuble dont l'un des époux
était propriétaire par indivis, ne forme point un conquet ;
sauf à indemniser la communauté de la somme qu'elle a four-
nie pour cette acquisition. Dans le cas où le mari deviendrait
seul et en son nom personnel acquéreur ou adjudicataire de
portion ou de la totalité d'un immeuble appartenant par indivis à la femme, celle-ci, lors de la dissolution de la communauté, a le choix ou d'abandonner l'effet à la communauté,
laquelle devient alors débitrice envers la femme de la portion
appartenant à celle-ci dans le prix, ou de retirer l'immeuble
en remboursant à la communauté le prix de l'acquisition. »

La première partie de cet article n'est qu'une application
de l'art. 883 ; par suite, ce retrait constituant un partage
échappe à la transcription. La seconde partie établit bien un
véritable retrait; mais il a pour effet de résoudre les droits
consentis par l'acheteur. Il a une cause nécessaire et, par
conséquent est exempt de la formalité.

93. Quelques auteurs donnent le nom de retrait conventionnel au pacte de rachat lorsqu'il a été stipulé dans le contrat, et l'exercice de ce retrait dans les délais fixés par la convention, constitue une résolution nécessaire. Mais si le retrait était exercé après l'expiration des délais, une véritable mutation s'opère, et elle doit être rendue publique.

94. Les actes administratifs sont-ils soumis à la formalité? M. Troplong (1) répond en ces termes : « Les actes passés en la forme administrative sont de deux sortes : les uns, en pourvoyant à des intérêts généraux, concèdent des droits à des particuliers. Je cite les concessions de droits d'usage, de mines, de chemins de fer, de canaux, etc.; — les autres sont de la même nature que les conventions des particuliers; ils sont relatifs aux intérêts de l'État, considéré comme personne civile. Ainsi l'État a des biens qu'il peut vendre, grever de servitudes et louer, comme le feraient des personnes privées. L'acte est reçu en la forme administrative, mais le fond est celui d'un contrat ordinaire. » M. Troplong, après cet exposé, dit que la loi du 23 mars 1855 n'est pas applicable aux actes administratifs. Nous adoptons cette opinion, surtout parce que le système contraire aurait pour conséquence un empiètement sur la ligne de démarcation qui sépare le domaine des tribunaux de celui de l'administration.

(1) *De la Transcription*, n° 80.

SECTION II.

De la transcription des actes entre vifs contenant renonciation à des droits réels susceptibles d'hypothèque.

95. L'art 1er, § 2 de la loi de 1855 semble soumettre à la publicité toutes les renonciations. Mais la plupart des auteurs font remarquer avec raison qu'il faut distinguer entre les différentes renonciations. Il n'est pas douteux que les renonciations entre vifs seront seules assujetties à la transcription, ce qui exclut celles qui seraient faites par testament. Il faut même aller plus loin et distinguer entre les renonciations extinctives et les renonciations translatives.

96. Le cardinal Deluca (1) définissait ainsi la renonciation translative : « *Alia vero renuntiatio translativa dicitur, quæ in ipso renuntiante jurium vel bonorum... præ supponit acquisitionem, eadem que jura in renuntiatarium transfert.* »

Ainsi, toutes les fois que la renonciation ne sera qu'un simple refus d'acquérir, toutefois que celui qui renonce abdiquera un droit qui se sera ouvert en sa faveur, mais qui ne reposera pas encore sur sa tête, parce qu'il n'aura pas été accepté, il y aura renonciation extinctive. Toutes les fois, au contraire, que celui qui renonce n'aura pas besoin pour devenir propriétaire irrévocable du droit d'une acceptation, soit expresse, soit tacite, il y aura mutation de propriété, et, par suite, renonciation translative.

Enfin, la renonciation extinctive est unilatérale ; la renonciation translative suppose une convention. La première n'en-

_____

(1) *De renunt.*, t. II, disc. 1, nᵒˢ 5 et 6.

traîne pas une mutation, parce que celui qui renonce n'abdique que la faculté d'acquérir. La seconde amène une véritable transmission. L'on ne peut d'ailleurs éprouver de doute que cette renonciation doive seule être transcrite, quand on voit le législateur de 1855 ne soumettre à la publicité que les actes translatifs.

97. Examinons quelques espèces.

La renonciation à une succession ne sera pas publiée, parce que l'héritier qui renonce est censé n'avoir jamais eu de droits, et que celui qui est appelé à recueillir à sa place ne tient pas son droit du renonçant, mais de la loi.

98. Il en est de même du légataire.

Si legatarius repudiaverit, fingitur nunquam fuisse legatum, et consequenter remanet legatum heredi, non ex repudiatione sed ex hereditario jure, disait Dumoulin (1).

99. Il faut aussi reconnaître que la renonciation faite par la femme ou ses héritiers à la communauté n'est pas soumise à la transcription. La renonciation rend en effet la femme entièrement étrangère à la communauté. La communauté appartient alors au mari ou à ses héritiers, comme si la femme n'y avait eu aucun droit.

100. Mais lorsque l'acceptation du legs de la communauté ou de la succession a eu lieu, la renonciation n'est pas un simple refus d'acquérir; elle est translative.

101. La répudiation d'un legs ou d'une succession aurait encore le même caractère si elle avait eu lieu au profit de quelques-uns des héritiers ou moyennant un prix.

(1) Sur la coutume de Paris. § 43, *Glos*, 1, n° 174.

102. La renonciation à une prescription même acquise ne devrait pas être transcrite, parce que la prescription n'opère une mutation qu'autant qu'elle a été invoquée.

103. Celui qui renoncerait à une nullité simplement relative ou à une action en rescision, ne devrait pas faire publier son désistement ; pourvu, toutefois, que la renonciation ait eu lieu avant qu'un jugement ayant acquis la force de chose jugée eût prononcé la nullité ou la rescision.

104. Le désistement d'une action en revendication ne devrait pas être présenté au conservateur, parce qu'il n'a rien de translatif.

105. Mais la renonciation par laquelle l'usufruitier, après son acceptation, abandonnerait son droit au nu-propriétaire, et celle que ferait un donateur à une action en révocation pour survenance d'enfants, devraient être transcrites.

106. Toutes les difficultés de cette matière peuvent donc se résoudre à l'aide du principe que la renonciation translative est seule assujettie à la formalité.

SECTION III.

De la transcription des jugements.

107. L'art. 1er, § 4 de la loi du 23 mars 1855 soumet à la transcription « tout jugement d'adjudication autre que celui rendu sur licitation au profit d'un cohéritier ou d'un copartageant. »

108. Cette disposition nous montre quel est l'esprit de la

loi en matière de transcription de jugements. En général, les jugements sont dispensés de la transcription, parce qu'ils n'opèrent pas de mutation. — Mais le législateur, pour être logique, devait exiger la publicité des jugements translatifs. C'est ce qu'il a fait.

Nous devons donc rechercher dans quels cas un jugement amène une transmission de propriété.

109. Nous n'avons pas besoin d'insister sur le caractère du jugement désigné par la loi, dans le n° 4 de l'article 1er.

Il est certain que si le jugement sur licitation était rendu au profit d'un cohéritier ou d'un copartageant, il équivaudrait à partage.

110. Mais l'on s'est demandé si l'article 2189, C. Nap., qui dit « que l'acquéreur ou le donataire qui conserve l'immeuble mis aux enchères (dans le cas de purge), en se rendant dernier enchérisseur, n'est pas tenu de faire transcrire le jugement d'adjudication », a été modifié par la loi de 1855 ? Il faut répondre négativement. Ce jugement n'opère pas en effet une mutation ; il ne fait que confirmer le contrat de vente consenti à l'acquéreur, dont les offres à fin de purge n'ont pas été acceptées.

111. Si un tiers se rendait adjudicataire, il est certain que l'acquisition du détenteur serait résolue rétroactivement, et qu'une mutation s'opérerait de l'aliénateur à l'adjudicataire.

112. Le tiers détenteur qui, après avoir délaissé l'immeuble, le reprendrait en s'en rendant adjudicataire, ne ferait que confirmer un droit préexistant, et ne devrait pas transcrire. — Il ne faudrait même pas distinguer entre les délaissants

acquéreurs à titre onéreux, et les délaissants acquéreurs à titre gratuit.

113. Mais si l'adjudication était prononcée au profit d'un
autre que le tiers détenteur, il devrait la rendre publique.
Cette solution serait d'ailleurs maintenue, soit que l'adjudication provînt d'une surenchère exercée pendant la purge, ou
des poursuites directes des créanciers.

Remarquons, toutefois, que lorsque l'acquéreur est évincé à
la suite d'une purge, par un créancier qui fait une surenchère
du dixième, les hypothèques qu'il a consenties sont résolues,
et le défaut de transcription du jugement d'adjudication ne
peut être invoqué que par les ayants-cause de l'auteur de l'acquéreur dépossédé, et non pas par les tiers qui auraient traité
avec ce dernier.

114. L'adjudicataire sur saisie immobilière doit aussi faire
transcrire. — L'article 717, C. proc. civ., modifié par la loi
du 21 mai 1858, porte expressément : « Le jugement d'adjudication, dûment transcrit, purge toutes les hypothèques. » C'est
aussi ce qui résulte de la fin de cet article.

115. Le jugement d'adjudication des biens de la succession
au profit de l'héritier bénéficiaire ne fait que confirmer son
droit de propriété, et échappe à la formalité. Les jugements
d'envoi en possession définitive et en possession provisoire ne
font, en réalité, que constater une mutation par décès, et ne
doivent pas être publiés.

116. Enfin la loi de 1855 ne s'applique pas aux jugements
d'expropriation pour cause d'utilité publique.

117. Telles sont les principales difficultés que fait naître le

n° 4 de l'article 1er. Mais le n° 3 soumet aussi à la transcription, tout jugement qui déclare l'existence d'une convention verbale translative de propriété immobilière ou de droits réels susceptibles d'hypothèque, ou emportant renonciation à ces mêmes droits.

Nous n'avons que deux observations à faire sur cette disposition.

La première, c'est que l'on doit entendre par jugement toute décision judiciaire, de quelque juridiction qu'elle émane, civile, commerciale, ou administrative, française ou étrangère, qui rapportera une convention qui n'est pas constatée par écrit. Car s'il y avait un écrit, ce serait lui qu'on devrait transcrire.

La deuxième, c'est que la transcription est une mesure conservatoire, et qu'on n'a pas besoin qu'un jugement ait acquis l'autorité de la chose jugée pour le transcrire.

SECTION IV.

De la mention des jugements prononçant la résolution, la nullité ou la rescision d'un acte transcrit, en marge de la transcription de cet acte.

118. D'après l'article 4, tout jugement prononçant la résolution, la nullité ou la rescision d'un acte transcrit, doit dans le mois, à dater du jour où il a acquis l'autorité de la chose jugée, être mentionné en marge de la transcription faite sur le registre. — L'avoué qui a obtenu le jugement est tenu, sous peine de 100 fr. d'amende, de faire opérer cette mention, en remettant un bordereau rédigé et signé par lui au conservateur, qui lui en donne récépissé.

119. Quels sont les motifs de cette disposition ?

La transcription a révélé à des tiers l'existence d'un acte; elle leur a fait connaître que la propriété a passé sur la tête d'une personne. Tant que les registres du conservateur ne constateront pas une nouvelle mutation, les tiers devront croire que celui que leur désignent les registres du conservateur est toujours propriétaire. Cependant, le titre constitutif de son droit peut être atteint d'un vice qui a amené sa nullité ou sa résolution. La loi, pour être logique, devait rendre publiques cette nullité et cette rescision. C'est ce qu'elle a fait par la mention.

120. Mais la mention ne s'applique pas à tous les jugements qui prononcent une résolution. On sait qu'on distingue entre les résolutions nécessaires et les résolutions volontaires. — Les premières ont un effet rétroactif que ne produisent pas les secondes.

Les jugements prononçant des résolutions nécessaires devront seuls être l'objet d'une mention; les jugements qui constateraient une résolution *ex causâ nová* rentreraient dans les termes de l'article 1er et devraient être transcrits.

121. Cette distinction ne s'applique pas à la rescision ou à la nullité, qui ont toujours un effet rétroactif et remettent les choses dans le même état que si le contrat annulé ou rescindé n'avait jamais existé. — Les jugements qui prononcent une nullité ou une rescision seront donc toujours mentionnés sur les registres du conservateur.

122. Quelles sont les principales différences qui existent entre la transcription et la mention ? Elles sont au nombre de deux : 1° La première formalité révèle l'existence d'une mutation ; la seconde nous fait connaître qu'une transmission a été anéantie par suite d'un vice intrinsèque. 2° Celui qui ne transcrit pas ne peut opposer son titre aux tiers. — Au contraire, il est certain que l'absence de mention n'empêchera pas un jugement de produire tous ses effets, même vis-à-vis des tiers. L'unique sanction est l'amende de 100 fr., prononcée contre l'avoué qui a obtenu le jugement et qui ne l'a pas publié (1).

123. Avant de passer à l'étude des formes de la mention, voyons de plus près dans quels cas elle doit être opérée.

124. On a agité la question de savoir si l'on devait distinguer entre la résolution qui a lieu de plein droit et celle qui est prononcée en justice ? — Nous croyons qu'elles devront toutes deux être mentionnées sur les registres du conservateur, si elles sont constatées par jugement. — Mais si la résolution était le résultat d'une convention, elle ne serait pas l'objet d'une mention.

125. La formalité que nous étudions est, du reste, aussi applicable aux jugements qui constatent une nullité absolue qu'à ceux qui prononcent une nullité relative.

126. Lorsqu'une donation excède la quotité disponible, le jugement qui la réduit opère la résolution des dettes ou hypothèques créées par le donataire. Il doit donc être l'objet d'une mention.

127. On devrait aussi soumettre au conservateur le jugement qui révoque une vente ou une donation comme faite en fraude des droits des créanciers.

(1) On n'admet pas d'action en responsabilité contre l'avoué.

128. Il en serait différemment de la décision judiciaire qui fait droit à une action en revendication.

129. La résolution d'un contrat peut avoir pour conséquence d'anéantir plusieurs transmissions successives, qui ont été la conséquence d'une première mutation. Mais il ne sera nécessaire de mentionner le jugement qu'en marge de l'acte qu'il renverse directement.

130. Il nous reste à étudier les formes de la mention.

131. Elle doit être faite dans le mois qui suit le jour où le jugement a acquis l'autorité de la chose jugée. Ce jour est celui où le jugement a cessé de pouvoir être attaqué par les voies ordinaires de l'opposition ou de l'appel. Mais l'exercice des voies extraordinaires, telles que la tierce opposition, la requête civile ou le pourvoi en cassation n'empêcherait pas le délai de courir.

132. Cependant, si un arrêt venait à être cassé, et que la Cour impériale chargée de juger l'affaire jugeât autrement que la première cour, ce serait aux tiers intéressés à faire rayer la mention opérée en vertu du premier arrêt.

133. On s'est demandé, lorsqu'un jugement prononçait la résolution ou la rescision d'un acte transcrit et qu'un arrêt venait le confirmer, quel était l'avoué chargé d'opérer la mention ? Il faut répondre que c'est l'avoué d'appel.

134. Remarquons, du reste, qu'un avoué ne doit faire opérer la mention d'un jugement qui prononce la résolution d'un contrat, qu'autant que ce contrat a été transcrit.

135. Pour effectuer la mention, l'avoué doit remettre un bordereau rédigé et signé par lui au conservateur, qui lui en donne récépissé. La loi ne détermine pas ce que doit contenir le bordereau ; elle s'en rapporte à l'habileté de l'avoué. D'après M. Troplong, ce bordereau devra résumer fidèlement le dispositif du jugement ou de l'arrêt : il contiendra les nom et prénoms des parties, la désignation exacte et précise de l'immeuble ; en un mot, tout ce que l'avoué jugera utile pour en faire le miroir abrégé de la décision (1).

Les frais de mention sont, du reste, à la charge de celui contre lequel le jugement de résolution est prononcé.

CHAPITRE III.

Des effets de la Transcription.

136. Sous le Code Napoléon, le simple consentement amenait la transmission de propriété, même vis-à-vis des tiers. Mais depuis la loi de 1855, la propriété n'est déplacée vis-à-vis les tiers que par la transcription. Ainsi, entre deux acquéreurs, ce n'est pas celui dont le contrat a acquis le premier date certaine qui sera préféré ; c'est celui dont l'acte a été transcrit le premier. En d'autres termes, la convention ne suffit plus pour dépouiller le vendeur de la propriété vis-à-vis des tiers. Il faut encore la transcription.

(1) Nº 241

137. Les principales difficultés de cette matière consisteront à savoir quel est le sens du mot tiers.

138. D'après la loi de 1855, cette expression ne s'applique qu'à ceux qui ont des droits sur l'immeuble.

Ainsi les acquéreurs, soit de la pleine, soit de la nue-propriété, soit de l'un des démembrements de la propriété, comme l'usufruit, l'usage, l'habitation, les servitudes, les créanciers hypothécaires pourront réciproquement s'opposer le défaut de transcription.

139. Les créanciers chirographaires sont-ils des tiers ? En ce qui concerne les donations, on ne peut guère, en présence de la jurisprudence de la Cour de cassation, hésiter à dire que ce sont de véritables tiers. — Mais dans la matière qui nous occupe, il est certain qu'ils n'ont pas ce caractère. M. A. De Belleyme, dans son rapport, nous expose la pensée du législateur : « L'art. 4 (devenu l'art. 3), dit-il, a été adopté dans son principe, sauf un changement de rédaction qui en précise le sens. Par ces mots : aux tiers qui ont des droits sur l'immeuble, on a voulu écarter la prétention des créanciers chirographaires, qui auraient pu vouloir opposer le défaut de transcription. Ce droit leur est refusé par le projet de loi (1). »

140. Le motif de cette disposition est que les créanciers chirographaires, en ne prenant aucune garantie, ont suivi la foi de leur débiteur et lui ont laissé la faculté d'aliéner ses biens. Dès lors il est indifférent pour eux que la transcription ait lieu.

1 Voy. DALLOZ, 1855, 1, 39, no 33.

141. Il faut même reconnaître, avec M. Troplong (1), que les créanciers saisissants ne pourraient l'emporter sur l'acqué-reur dont le titre serait antérieur à la transcription de la saisie. « La saisie, dit l'illustre jurisconsulte, ne donne pas au créan-cier qui la pratique un droit réel sur le bien saisi ; le créancier chirographaire doit accepter les choses dans l'état où la vo-lonté de son débiteur les a mises. Il n'a la faculté de saisir que ce dont son débiteur a le droit de se dire propriétaire, et il faut qu'il respecte les contrats par lesquels le patrimoine de celui-ci est légalement diminué. »

142. Que doit-il arriver lorsqu'un débiteur, après avoir vendu un de ses immeubles, tombe en faillite, et que le juge-ment déclaratif de la faillite est prononcé avant que l'acheteur ait fait transcrire son contrat (2)? — Différentes opinions se sont produites sur cette question.

Quant à nous, nous pensons d'abord que le jugement décla-ratif de la faillite n'a pas pour effet de donner aux créanciers le droit de faire déclarer nulle à leur égard la transcription qui a été effectuée depuis le jugement.

Mais l'inscription que les syndics doivent prendre au profit de la masse, sur les immeubles du failli, donne la publicité à un droit hypothécaire véritable. Dès lors ces créanciers, ayant une hypothèque inscrite, pourront se prévaloir du défaut de transcription.

143. La transcription n'est pas nécessaire pour la trans-mission de la propriété entre les parties.

(1) De la Transcription n° 147.

(2) Nous supposons que le contrat a date certaine.

On ne considèrera, dès lors, comme des tiers, ni l'acheteur, ni son vendeur. — L'absence de transcription ne pourra pas davantage être invoquée par les héritiers ou successeurs universels ou à titre universel, soit du vendeur, soit de l'acheteur.

L'héritier succède aux obligations de son auteur, et ne peut avoir plus de droits que lui.

111. On ne devrait même pas distinguer entre l'héritier bénéficiaire et l'héritier pur et simple.

Le bénéfice d'inventaire permet à l'héritier bénéficiaire de distinguer ses biens de ceux de la succession et de ne payer ses dettes que jusqu'à concurrence de son émolument, mais ne lui enlève pas la qualité de représentant du défunt. Dans cette situation il ne saurait avoir plus de droits que son auteur.

M. Flandin, qui examine cette question avec beaucoup de soin (1), dit avec raison : « Qu'on veuille bien remarquer que la transcription est une formalité exigée uniquement dans l'intérêt des tiers, qualité qui ne peut appartenir à l'héritier pur et simple, ni même, dans le cas dont il s'agit, à l'héritier bénéficiaire. Car si, à certains égards, l'art. 802 permet de le traiter comme un tiers, ici c'est sa qualité d'héritier qui est surtout à considérer, puisque nous sommes en droit spécial, et qu'il est de règle que le particulier déroge au général : *In toto jure, generi per speciem derogatur, et illud potissimum habetur quod ad speciem directum est.* (L. 80, Dɪɢ. *De reg. jur.*) »

115. Les personnes chargées de faire effectuer la transcription, leurs héritiers ou successeurs universels ne pourraient

---

(1) De la Transcription, n° 812 et suiv.

pas se prévaloir de son inexécution. Par suite le mari, administrateur des biens de la femme, et le tuteur du mineur ou de l'interdit, dans le cas d'une acquisition faite par ces incapables, ne pourraient pas se prévaloir de l'absence de la formalité.

146. Entre deux acquéreurs, c'est celui qui a fait transcrire le premier qui sera préféré. Nous pensons qu'en thèse générale il en sera de même lorsque le tiers qui a un droit réel quelconque, l'a conservé en se conformant aux exigences de la loi.

Ainsi le créancier hypothécaire, le donataire même seront préférés à l'acquéreur, si le premier a pris inscription et si le second a fait transcrire avant la transcription de la vente.

L'art. 3 de la loi de 1855 ne fait en effet aucune distinction entre les différentes personnes qui ont des droits réels sur un immeuble. Il ne faut pas hésiter à adopter une solution qui rentre dans l'esprit de cette loi, qui a voulu que tous les droits réels fussent rendus publics.

147. Du reste, il importe fort peu que le tiers ait ou non connu l'existence du contrat antérieur, pourvu d'ailleurs qu'il ne se soit pas rendu complice d'une fraude destinée à tromper celui qui est le premier en date. Il faut appliquer ici l'art. 1071 du Code Napoléon, qui n'est lui-même que la reproduction de l'art. 33, titre II de l'ordonnance de 1747 sur les substitutions. « Le défaut de transcription, dit cet article, ne pourra être suppléé, ni regardé comme couvert, par la connaissance que les créanciers ou les tiers acquéreurs pourront avoir eue de la disposition par d'autres voies que la transcription. »

148. Lorsqu'il y a plusieurs ventes successives, non trans-

crites d'un même bien, la transcription du dernier contrat
suffit-elle pour affranchir l'immeuble de tous droits réels existants du chef des anciens propriétaires et qui n'auraient pas
été rendus publics?

Pierre vend, par exemple, un immeuble à Paul le 1er janvier
1857; celui-ci ne fait pas transcrire son titre. Il revend le 22
octobre 1857 à Jean, qui fait transcrire le 1er novembre 1857.
Mais Pierre, le vendeur originaire, avait vendu, le 1er février
1857, une seconde fois le même immeuble à Jacques, qui n'a
soumis son acte à la formalité que le 1er janvier 1858.

On demande si Jean pouvait, par la seule transcription de
son titre, être saisi de la propriété vis-à-vis de Jacques. Il faut
répondre affirmativement. Si Jacques avait fait transcrire son
contrat, comme il le devait, Jean aurait été averti et n'aurait
pas acheté dans la croyance que la propriété était libre de
tout droit réel. Jean a consulté les registres; il n'a vu ni la
transcription, ni l'inscription d'aucun droit réel; il a été fondé
à ne redouter aucune rivalité. Serait-il juste qu'il fût dépossédé par Jacques, dont l'inaction l'a trompé?

Cette solution est équitable. Elle est, de plus, conforme à
l'article 3 de la loi de 1855, car il faut reconnaître que Jean
est un tiers dans le sens de la loi, et que, par suite, il peut
opposer à Jacques la transcription de son titre. Cette décision
résulte encore de l'esprit qui a dicté l'article 6, aux termes
duquel la transcription a pour effet d'éteindre les priviléges
et les hypothèques existants sur l'immeuble et qui n'auraient
pas été inscrits.

149. Cependant, si Jacques avait acheté de Pierre après la
transcription faite par Jean, et que le contrat de ce dernier
par impossible ne révélât pas l'origine de la propriété, Jac-

ques a été entraîné par la faute de Jean dans une erreur in-vincible, et alors il devrait l'emporter sur Jean.

150. Mais si Paul avait consenti une hypothèque au lieu de vendre à Jean, et que l'inscription eût été prise avant la trans-cription faite par Jacques, le créancier hypothécaire devrait être préféré.

151. Sous l'empire du C. Nap., quand un mineur, après avoir consenti la vente d'un immeuble en minorité, vendait à une autre personne le même bien et ratifiait ensuite en ma-jorité la première vente, cette ratification ne pouvait préjudi-cier aux droits de celui qui avait acheté du mineur devenu majeur, parce que ce dernier, en vendant une seconde fois, avait renoncé au droit de ratifier la première vente. Mais au-jourd'hui, tant que la transcription n'a pas eu lieu, le mineur ne s'est pas dépouillé vis-à-vis des tiers de son droit de pro-priété, et, par suite, a conservé le droit de confirmer la pre-mière vente, puisqu'il pourrait encore vendre.

152. On s'est demandé si le possesseur qui veut invoquer la prescription décennale, doit aussi rendre public son titre. L'on doit décider que ce titre ne peut servir de base à la pres-cription s'il n'a pas été transcrit, parce que jusqu'à ce mo-ment il ne peut être opposé aux tiers. Mais il faut naturelle-ment supposer que celui qui invoque le défaut de transcrip-tion a fait transcrire lui-même ou en est dispensé par la loi. Autrement la transcription ne serait pas nécessaire.

153. On devrait par conséquent décider que l'acquéreur ne pourrait, aux termes de l'article 2235, joindre la possession de son auteur qu'autant que celui-ci aurait fait transcrire lui-mêr

154. On a agité la question de savoir auquel des acquéreurs l'on doit accorder la préférence quand ils ont tous deux
fait transcrire le même jour. Il faut répondre qu'on se rè-
glera alors par le registre des dépôts que doivent tenir les
conservateurs, aux termes de l'art. 200.

La même solution devrait être donnée au cas de concours
entre un acquéreur et un créancier hypothécaire.

Mais les juges ne seraient pas tenus de croire jusqu'à inscription de faux à l'exactitude du registre de dépôt. Les énon-
ciations de ce registre pourraient être combattues par la
preuve contraire.

155. Ajoutons, avec Merlin (1), que la transcription assure
l'exécution d'un contrat quand il est valable par lui-même,
mais qu'elle n'en purge pas les vices intrinsèques.

Elle ne saurait donc couvrir les vices de fraude ou de si-
mulation qui peuvent en opérer l'annulation.

156. Pour compléter notre travail, il ne nous reste plus que
quelques mots à dire. D'après l'art. 10 de la loi du 23 mars
1855, cette loi n'a été exécutoire qu'à partir du 1er janvier 1856.

L'article 11 dispose que les art. 1, 2, 3, 4 et 9 ne sont pas
applicables aux actes ayant acquis date certaine et aux jugements rendus avant le 1er janvier 1856. Leur effet est réglé par
la législation sous l'empire de laquelle ils sont intervenus. —
Les jugements prononçant la résolution, nullité ou rescision
d'un acte non transcrit, mais ayant date certaine avant la
même époque, doivent être transcrits conformément à l'art. 4
de la présente loi, etc.

(1) Questions de droit, Expropriation forcée, § 2, n° 2.

L'art. 8 décide que le conservateur, lorsqu'il en est requis, délivre, sous sa responsabilité, l'état spécial ou général des transcriptions et mentions prescrites par les articles précédents.

L'art. 12 ajoute enfin que, jusqu'à ce qu'une loi spéciale détermine les droits à percevoir, la transcription des actes ou jugements qui n'étaient pas soumis à cette formalité avant la présente loi, sera faite moyennant le droit fixe de un franc.

Nous nous contentons de reproduire ces dispositions, sans les accompagner d'un commentaire. Leur explication nous semblerait trouver mieux sa place dans une étude complète de la loi du 23 mars 1855 que dans une thèse destinée à commenter quelques articles de cette loi.

TABLE DES MATIÈRES

TABLE DES MATIÈRES

POSITIONS.

1. **Droit romain.** — La loi *Ælia-Sentia* est-elle antérieure à la création de l'Action Paulienne ?
   — Oui.

2. Lorsqu'un tiers est, en vertu de l'Action Paulienne du Digeste, obligé de restituer les fruits, s'il est de mauvaise foi, doit-il rendre les fruits perçus dans le temps intermédiaire qui s'est écoulé entre l'aliénation et la *litis contestatio* ?
   — Non.

3. L'Action Paulienne du Digeste est-elle une action personnelle ?
   — Oui.

4. L'action dont parle le § 6 du titre *De actionibus*, aux Instituts, est-elle une Action Paulienne *in rem* ?
   — Oui.

5. **Droit civil.** — Lorsqu'un *negotiorum gestor* vend un immeuble, l'acquéreur peut-il faire transcrire sans attendre la ratification du propriétaire ?
   — Non.

6. Lorsqu'il y a plus de deux héritiers, la vente que ferait l'un d'eux de sa part héréditaire à un autre héritier devrait-elle être transcrite ?
   — Oui.

7. Si l'acquéreur d'un immeuble, sous condition suspensive, cède à un autre le droit éventuel qu'il a dans cet immeuble, avant l'événement de la condition, cette cession sera-t-elle transcrite ?
   — Oui.

8. Le créancier chirographaire, qui saisit un immeuble, est-il un tiers et peut-il opposer la transcription de sa saisie à l'acquéreur dont l'acte de vente a acquis date certaine avant la transcription du procès-verbal de saisie?
— Non.

9. Droit commercial. — Le jugement déclaratif de faillite emporte-t-il hypothèque, aux termes de l'art. 490, C. Com., au profit de la masse?
— Oui.

10. L'inscription de cette hypothèque donnerait-elle aux créanciers du failli le droit d'opposer le défaut de transcription à un acquéreur?
— Oui.

11. Droit administratif.— Les actes passés dans la forme administrative sont-ils soumis à la transcription?
— Non.

12. La loi du 23 mars 1855 est-elle applicable aux jugements d'expropriation pour cause d'utilité publique?
— Non.

13. Droit criminel. — L'art. 360, C. d'inst. crim. s'oppose-t-il à ce qu'un accusé, acquitté en Cour d'assises, soit poursuivi en police correctionnelle pour le même fait, s'il constitue un délit?
— Non.

Limoges. — Imprimerie H. Ducourtieux.

www.ingramcontent.com/pod-product-compliance
Lightning Source LLC
Chambersburg PA
CBHW071514200326
41519CB00019B/5938